CASTRO ALVES

ESPUMAS FLUTUANTES

CASTRO ALVES

ESPUMAS FLUTUANTES

Texto integral
Questões de vestibular comentadas

Principis

Esta é uma publicação Principis, selo exclusivo da Ciranda Cultural

Texto
Castro Alves

Diagramação e revisão
Project Nine Editorial

Produção e projeto gráfico
Ciranda Cultural

Imagens
Jason Sage/Shutterstock.com;
Aleksei Derin/Shutterstock.com;

Complemento de leitura elaborado por Fernando Caetano
Bacharel e Licenciado em Letras Pela FFLCH/USP, é docente de Língua
Portuguesa,Linguística e Literatura, tendo lecionado em colégios,
empresas e preparatórios para o vestibular.

Dados Internacionais de Catalogação na Publicação (CIP) de acordo com ISBD

A474e Alves, Castro, 1847-1871

Espumas flutuantes / Castro Alves. - Jandira, SP : Principis, 2019.
160 p. ; 15,5cm x 22,6cm. – (Clássicos da Literatura)

Inclui índice.
ISBN: 978-85-943-1826-8

1. Literatura brasileira. 2. Poesia. I. Título. II. Série.

2019-1124 CDD 869.1
CDU 821.134.3(81)-1

Elaborado por Vagner Rodolfo da Silva - CRB-8/9410

Índice para catálogo sistemático:
1. Literatura brasileira : Poesia 869.1
2. Literatura brasileira : Poesia 821.134.3(81)-1

1ª Edição
www.cirandacultural.com.br

SUMÁRIO

PRÓLOGO

ERA POR UMA dessas tardes em que o azul do céu oriental – é pálido e saudoso, em que o rumor do vento nas vergas – é monótono e cadente, e o quebro da vaga na amurada do navio – é queixoso e tétrico.

Das bandas do ocidente o sol se atufava nos mares "como um brigue em chamas..." e daquele vasto incêndio do crepúsculo alastrava-se a cabeça loura das ondas.

Além... os cerros de granito dessa formosa terra de Guanabara, vacilantes, a lutarem com a onda invasora de azul, que descia das alturas... recortavam-se indecisos na penumbra do horizonte.

Longe, inda mais longe... os cimos fantásticos da serra dos Órgãos embebiam-se na distância, sumiam-se, abismavam-se numa espécie de naufrágio celeste.

Só e triste, encostado à borda do navio, eu seguia com os olhos aquele esvaecimento indefinido e minha alma apegava-se à forma vacilante das montanhas – derradeiras atalaias dos meus arraiais da mocidade.

É que lá, dessas terras do sul, para onde eu levara o fogo de todos os entusiasmos, o viço de todas as ilusões, os meus vinte anos de seiva e de mocidade, as minhas esperanças de glória e de futuro;... é que dessas terras do sul, onde eu penetrara "como o moço Rafael subindo as escadas do Vaticano;"... volvia agora silencioso e alquebrado... trazendo por única ambição – a esperança de repouso em minha pátria.

Foi então que, em face destas duas tristezas – a noite que descia dos céus – a solidão que subia do oceano –, recordei-me de vós, ó meus amigos!

E tive pena de lembrar que em breve nada restaria do peregrino na terra hospitaleira, onde vagara; nem sequer a lembrança desta alma, que convosco e por vós vivera e sentira, gemera e cantara...

Ó espíritos errantes sobre a terra! Ó velas enfunadas sobre os mares!... Vós bem sabeis quanto sois efêmeros... – passageiros que vos absorveis no espaço escuro, ou no escuro esquecimento.

E quando – comediantes do infinito – vos obumbrais nos bastidores do abismo, o que resta de vós?

– Uma esteira de espumas... – flores perdidas na vasta indiferença do oceano. – Um punhado de versos... – espumas flutuantes no dorso fero da vida!...

E o que são na verdade estes meus cantos?...

Como as espumas, que nascem do mar e do céu, da vaga e do vento, eles são filhos da musa – este sopro do alto: do coração – este pélago da alma.

E como as espumas são, às vezes, a flora sombria da tempestade, eles por vezes rebentaram ao estalar fatídico do látego da desgraça.

E como também o aljofre dourado das espumas reflete as opalas, rutilantes do arco-íris, eles por acaso refletiram o prisma fantástico da ventura ou do entusiasmo – estes signos brilhantes da aliança de Deus com a juventude!

Mas, como as espumas flutuantes levam, boiando nas solidões marinhas, a lágrima saudosa do marujo... possam eles, ó meus amigos! – efêmeros filhos de minh'alma – levar uma lembrança de mim às vossas plagas!

CASTRO ALVES

(S. Salvador, fevereiro de 1870)

À MEMÓRIA DE
MEU PAI, DE MINHA MÃE E DE MEU IRMÃO.

O. D. C.

DEDICATÓRIA

Apomba d'aliança o voo espraia
Na superfície azul do mar imenso,
Rente... rente da espuma já desmaia
Medindo a curva do horizonte extenso...
Mas um disco se avista ao longe... A praia
Rasga nitente o nevoeiro denso!...
Ó pouso! ó monte! ó ramo de oliveira!
Ninho amigo da pomba forasteira!...

Assim, meu pobre livro as asas larga
Neste oceano sem fim, sombrio, eterno...
O mar atira-lhe a saliva amarga,
O céu lhe atira o temporal de inverno...
O triste verga à tão pesada carga!
Quem abre ao triste um coração paterno?...
É tão bom ter por árvore – uns carinhos!
É tão bom de uns afetos – fazer ninhos!

Pobre órfão! Vagando nos espaços
Embalde às solidões mandas um grito!
Que importa? De uma cruz ao longe os braços
Vejo abrirem-se ao mísero precito...
Os túmulos dos teus dão-te regaços!
Ama-te a sombra do salgueiro aflito...
Vai, pois, meu livro! e como louro agreste
Traz-me no bico um ramo de... cipreste!

O LIVRO E A AMÉRICA

AO GRÊMIO LITERÁRIO

Talhado para as grandezas,
P'ra crescer, criar, subir,
O Novo Mundo nos músculos
Sente a seiva do porvir.
– Estatuário de colossos –
Cansado doutros esboços
Disse um dia Jeová:
"Vai, Colombo, abre a cortina
Da minha eterna oficina...
Tira a América de lá".

Molhado inda do dilúvio,
Qual Tritão descomunal,
O continente desperta
No concerto universal.
Dos oceanos em tropa
Um – traz-lhe as artes da Europa,
Outro – as bagas de Ceilão...
E os Andes petrificados,
Como braços levantados,
Lhe apontam para a amplidão.

Olhando em torno então brada:
"Tudo marcha!... Ó grande Deus!
As cataratas – p'ra terra,
As estrelas – para os céus
Lá, do polo sobre as plagas,
O seu rebanho de vagas
Vai o mar apascentar...
Eu quero marchar com os ventos,
Com os mundos... co'os firmamentos!!!"
E Deus responde – "Marchar!"

"Marchar!... Mas como?... Da Grécia
Nos dóricos Partenons
A mil deuses levantando
Mil marmóreos Panteons?...
Marchar co'a espada de Roma
– Leoa de ruiva coma
De presa enorme no chão,
Saciando o ódio profundo...
– Com as garras nas mãos do mundo,
– Com os dentes no coração?"

"Marchar!... Mas como a Alemanha
Na tirania feudal,
Levantando uma montanha
Em cada uma catedral?"
Não!... Nem templos feitos de ossos,
Nem gládios a cavar fossos
São degraus do progredir...
Lá brada César morrendo:
"No pugilato tremendo
Quem sempre vence é o porvir!"

Filhos do séc'lo das luzes!
Filhos da Grande nação!
Quando ante Deus vos mostrardes,
Tereis um livro na mão:
O livro – esse audaz guerreiro
Que conquista o mundo inteiro
Sem nunca ter Waterloo...
Eólo de pensamentos,
Que abrira a gruta dos ventos
Donde a Igualdade voou!...

Por uma fatalidade
Dessas que descem de além,
O séc'lo, que viu Colombo,
Viu Gutenberg também.
Quando no tosco estaleiro

Da Alemanha o velho obreiro
A ave da imprensa gerou...
O Genovês salta os mares...
Busca um ninho entre os palmares
E a pátria da imprensa achou...

Por isso na impaciência
Desta sede de saber,
Como as aves do deserto –
As almas buscam beber...
Oh! Bendito o que semeia
Livros... livros à mão cheia...
E manda o povo pensar!
O livro caindo n'alma
É germe – que faz a palma,
É chuva – que faz o mar.

Vós, que o templo das ideias
Largo – abris às multidões,
P'ra o batismo luminoso
Das grandes revoluções,
Agora que o trem de ferro
Acorda o tigre no cerro
E espanta os caboclos nus,
Fazei desse "rei dos ventos"
– Ginete dos pensamentos,
– Arauto da grande luz!...

Bravo! a quem salva o futuro
Fecundando a multidão!...
Num poema amortalhada
Nunca morre uma nação.
Como Goethe moribundo
Brada "Luz!" o Novo Mundo
Num brado de Briaréu...
Luz! pois, no vale e na serra...
Que, se a luz rola na terra,
Deus colhe gênios no céu!...

HEBRÉIA

Flos campi et lilium convalium.
(Cântico dos Cânticos)

Pomba d'esp'rança sobre um mar d'escolhos!
Lírio do vale oriental, brilhante!
Estrela vésper do pastor errante!
Ramo de murta a recender cheirosa!...

Tu és, ó filha de Israel formosa...
Tu és, ó linda, sedutora Hebréia...
Pálida rosa da infeliz Judéia
Sem ter o orvalho, que do céu deriva!

Por que descoras, quando a tarde esquiva
Mira-se triste sobre o azul das vagas?
Serão saudades das infindas plagas,
Onde a oliveira no Jordão se inclina?

Sonhas acaso, quando o sol declina,
A terra santa do Oriente imenso?
E as caravanas no deserto extenso?
E os pegureiros da palmeira à sombra?!...

Sim, fora belo na relvosa alfombra,
Junto da fonte, onde Raquel gemera,
Viver contigo qual Jacó vivera
Guiando escravo teu feliz rebanho...

Depois nas águas de cheiroso banho
– Como Susana a estremecer de frio –
Fitar-te, ó flor do babilônio rio,
Fitar-te a medo no salgueiro oculto...

Vem pois!... Contigo no deserto inculto,
Fugindo às iras de Saul embora,
Davi eu fora – se Micol tu foras,
Vibrando na harpa do profeta o canto...

Não vês?... Do seio me goteja o pranto
Qual da torrente do Cédron deserto!...
Como lutara o patriarca incerto
Lutei, meu anjo, mas caí vencido.

Eu sou o lótus para o chão pendido.
Vem ser o orvalho oriental, brilhante!...
Ai! guia o passo ao viajor perdido,
Estrela vésper do pastor errante!...

QUEM DÁ AOS POBRES, EMPRESTA A DEUS

Eu, Que a pobreza de meus pobres cantos
Dei aos heróis – aos miseráveis grandes –,
Eu, que sou cego – mas só peço luzes...
Que sou pequeno – mas só fito os Andes...
Canto nest'hora, como o bardo antigo
Das priscas eras, que bem longe vão,
O grande NADA dos heróis, que dormem
Do vasto pampa no funéreo chão...

Duas grandezas neste instante cruzam-se!
Duas realezas hoje aqui se abraçam!...
Uma – é um livro laureado em luzes...
Outra – uma espada, onde os lauréis se enlaçam.
Nem cora o livro de ombrear co'o sabre...
Nem cora o sabre de chamá-lo irmão...
Quando em loureiros se biparte o gládio
Do vasto pampa no funéreo chão.

E foram grandes teus heróis, ó pátria,
– Mulher fecunda, que não cria escravos –,
Que ao trom da guerra soluçaste aos filhos:
"Parti – soldados, mas voltai-me – bravos!
E qual Moema desgrenhada, altiva,
Eis tua prole, que se arroja então,
De um mar de glórias apartando as vagas
Do vasto pampa no funéreo chão.

E esses Leandros do Helesponto novo
Se resvalaram – foi no chão da história...
Se tropeçaram – foi na eternidade...
Se naufragaram – foi no mar da glória...
E hoje o que resta dos heróis gigantes?...
Aqui – os filhos que vos pedem pão...

Além – a ossada, que branqueia a lua,
Do vasto pampa no funéreo chão.

Ai! quantas vezes a criança loura
Seu pai procura pequenina e nua,
E vai, brincando co'o vetusto sabre,
Sentar-se à espera no portal da rua...
Mísera mãe, sobre teu peito aquece
Esta avezinha, que não tem mais pão!...
Seu pai descansa – fulminado cedro –
Do vasto pampa no funéreo chão.

Mas, já que as águias lá no sul tombaram
E os filhos d'águias o Poder esquece...
É grande, é nobre, é gigantesco, é santo!...
Lançai – a esmola, e colhereis – a prece!...
Oh! dai a esmola... que, do infante lindo
Por entre os dedos da pequena mão,
Ela transborda... e vai cair nas tumbas
Do vasto pampa no funéreo chão.

Há duas cousas neste mundo santas:
– O rir do infante – o descansar do morto...
O berço – é a barca, que encalhou na vida,
A cova – é a barca do sidéreo porto...
E vós dissestes para o berço – Avante! –
Enquanto os nautas, que ao Eterno vão,
Os ossos deixam, qual na praia as âncoras,
Do vasto pampa no funéreo chão.

É santo o laço, em qu'hoje aqui s'estreitam
De heroicos troncos – os rebentos novos –!
É que são gêmeos dos heróis os filhos,
Inda que filhos de diversos povos!
Sim! me parece que nest'hora augusta
Os mortos saltam da feral mansão...
E um "bravo!" altivo de além-mar partindo
Rola do pampa no funéreo chão!...

O LAÇO DE FITA

Não sabes, criança? 'Stou louco de amores...
Prendi meus afetos, formosa Pepita.
Mas onde? No templo, no espaço, nas névoas?!
Não rias, prendi-me
Num laço de fita.

Na selva sombria de tuas madeixas,
Nos negros cabelos da moça bonita,
Fingindo a serpente qu'enlaça a folhagem,
Formoso enroscava-se
O laço de fita.

Meu ser, que voava nas luzes da festa,
Qual pássaro bravo, que os ares agita,
Eu vi de repente cativo, submisso
Rolar prisioneiro
Num laço de fita.

E agora enleada na tênue cadeia
Debalde minh'alma se embate, se irrita...
O braço, que rompe cadeias de ferro,
Não quebra teus elos,
Ó laço de fita!

Meu Deus! As falenas têm asas de opala,
Os astros se libram na plaga infinita.
Os anjos repousam nas penas brilhantes...
Mas tu... tens por asas
Um laço de fita.

Há pouco voavas na célere valsa,
Na valsa que anseia, que estua e palpita.
Por que é que tremeste? Não eram meus lábios...
Beijava-te apenas...
Teu laço de fita.

Mas ai! findo o baile, despindo os adornos
N'alcova onde a vela ciosa... crepita,
Talvez da cadeia libertes as tranças
Mas eu... fico preso
No laço de fita.

Pois bem! Quando um dia na sombra do vale
Abrirem-me a cova... formosa Pepita!
Ao menos arranca meus louros da fronte,
E dá-me por c'roa...
Teu laço de fita.

AHASVERUS E O GÊNIO

AO POETA E AMIGO J. FELIZARDO JÚNIOR

Sabes quem foi Ahasverus?… – o precito,
O mísero Judeu, que tinha escrito
Na fronte o selo atroz!
Eterno viajor de eterna senda…
Espantado a fugir de tenda em tenda,
Fugindo embalde à vingadora voz!

Misérrimo! Correu o mundo inteiro,
E no mundo tão grande… o forasteiro
Não teve onde… pousar.
Co'a mão vazia – viu a terra cheia.
O deserto negou-lhe – o grão de areia,
A gota d'água – rejeitou-lhe o mar.

D'Ásia as florestas – lhe negaram sombra
A savana sem fim – negou-lhe alfombra.
O chão negou-lhe o pó!…
Tabas, serralhos, tendas e solares…
Ninguém lhe abriu a porta de seus lares
E o triste seguiu só.

Viu povos de mil climas, viu mil raças,
E não pôde entre tantas populaças
Beijar uma só mão…
Desde a virgem do Norte à de Sevilhas
Desde a inglesa à crioula das Antilhas
Não teve um coração!…

E caminhou!… E as tribos se afastavam
E as mulheres tremendo murmuravam
Com respeito e pavor.
Ai! Fazia tremer do vale à serra…

Ele que só pedia sobre a terra
– Silêncio, paz e amor! –

No entanto à noite, se o Hebreu passava,
Um murmúrio de inveja se elevava,
Desde a flor da campina ao colibri.
"Ele não morre", a multidão dizia...
E o precito consigo respondia:
– "Ai! mas nunca vivi!" –

O Gênio é como Ahasverus... solitário
A marchar, a marchar no itinerário
Sem termo do existir.
Invejado! a invejar os invejosos.
Vendo a sombra dos álamos frondosos...
E sempre a caminhar... sempre a seguir...

Pede u'a mão de amigo – dão-lhe palmas:
Pede um beijo de amor – e as outras almas
Fogem pasmas de si.
E o mísero de glória em glória corre...
Mas quando a terra diz: – "Ele não morre"
Responde o desgraçado: – "Eu não vivi!..."

MOCIDADE E MORTE

E perto avisto o porto
Imenso, nebuloso, e sempre noite
Chamado – Eternidade. –
(Laurindo)

Lasciate ogni speranza, voi ch'entrate.
(Dante)

Oh! Eu quero viver, beber perfumes
Na flor silvestre, que embalsama os ares;
Ver minh'alma adejar pelo infinito,
Qual branca vela n'amplidão dos mares.
No seio da mulher há tanto aroma...
Nos seus beijos de fogo há tanta vida...
– Árabe errante, vou dormir à tarde
À sombra fresca da palmeira erguida.

Mas uma vez responde-me sombria:
Terás o sono sob a lájea fria.

Morrer... quando este mundo é um paraíso,
E a alma um cisne de douradas plumas:
Não! o seio da amante é um lago virgem...
Quero boiar à tona das espumas.
Vem! formosa mulher – camélia pálida,
Que banharam de pranto as alvoradas.
Minh'alma é a borboleta, que espaneja
O pó das asas lúcidas, douradas...

E a mesma voz repete-me terrível,
Com gargalhar sarcástico: – impossível!

Eu sinto em mim o borbulhar do gênio.
Vejo além um futuro radiante:

Avante! – brada-me o talento n'alma
E o eco ao longe me repete – avante! –
O futuro... o futuro... no seu seio...
Entre louros e bênçãos dorme a glória!
Após – um nome do universo n'alma,
Um nome escrito no Panteon da história.

E a mesma voz repete funerária:
– Teu Panteon – a pedra mortuária!

Morrer – é ver extinto dentre as névoas
O fanal, que nas guia na tormenta:
Condenado – escutar dobres de sino,
– Voz da morte, que a morte lhe lamenta –
Ai! morrer – é trocar astros por círios,
Leito macio por esquife imundo,
Trocar os beijos da mulher – no visco
Da larva errante no sepulcro fundo.

Ver tudo findo... só na lousa um nome,
Que o viandante a perpassar consome.

E eu sei que vou morrer... dentro em meu peito
Um mal terrível me devora a vida:
Triste Ahasverus, que no fim da estrada,
Só tem por braços uma cruz erguida.
Sou o cipreste, qu'inda mesmo flórido,
Sombra de morte no ramal encerra!
Vivo – que vaga sobre o chão da morte,
Morto – entre os vivos a vagar na terra.

Do sepulcro escutando triste grito
Sempre, sempre bradando-me: maldito! –

E eu morro, ó Deus! na aurora da existência,
Quando a sede e o desejo em nós palpita...
Levei aos lábios o dourado pomo,
Mordi no fruto podre do Asfaltita.
No triclínio da vida – novo Tântalo –

O vinho do viver ante mim passa...
Sou dos convivas da legenda Hebraica,
O 'stilete de Deus quebra-me a taça.

É que até minha sombra é inexorável,
Morrer! morrer! soluça-me implacável.

Adeus, pálida amante dos meus sonhos!
Adeus, vida! Adeus, glória! amor! anelos!
Escuta, minha irmã, cuidosa enxuga
Os prantos de meu pai nos teus cabelos.
Fora louco esperar! fria rajada
Sinto que do viver me extingue a lampa...
Resta-me agora por futuro – a terra,
Por glória – nada, por amor – a campa.

Adeus! arrasta-me uma voz sombria
Já me foge a razão na noite fria!...

AO DOUS DE JULHO

(RECITADA NO TEATRO SÃO JOÃO)

É a hora das epopeias,
Das Ilíadas reais.
Ruge o vento – do passado
Pelos mares sepulcrais.
É a hora, em que a Eternidade
Dialoga a Imortalidade...
Fala o herói com Jeová!...
E Deus – nas celestes plagas –
Colhe da glória nas vagas
Os mortos de Pirajá.

Há destes dias augustos
Na tumba dos Briaréus.
Como que Deus baixa à terra
Sem mesmo descer dos céus.
É que essas lousas rasteiras
São – gigantes cordilheiras
Do Senhor aos olhos nus.
É que essas brancas ossadas
São – colunas arrojadas
Dos infinitos azuis.

Sim! Quando o tempo entre os dedos
Quebra um séc'lo, uma nação...
Encontra nomes tão grandes
Que não lhe cabem na mão!...
Heróis! Como o cedro augusto
Campeia rijo e vetusto
Dos séc'los ao perpassar,
Vós sois os cedros da história,
A cuja sombra de glória
Vai-se o Brasil abrigar.
E nós, que somos faíscas

Da luz desses arrebóis,
Nós, que somos borboletas
– Das crisálidas de avós,
Nós, que entre as bagas dos cantos,
Por entre as gotas dos prantos
Inda os sabemos chorar,
Podemos dizer: "Das campas
Sacudi as frias tampas!
Vinde a Pátria abençoar!..."

Erguei-vos, santos fantasmas!
Vós não tendes que corar...
(Porque eu sei que o filho torpe
Faz o morto soluçar...)
Gemem as sombras dos Gracos,
Dos Catões, dos Espartacos
Vendo seus filhos tão vis...
Dize-o tu, soberbo Mário!
Tu, que ensopas o sudário
Vendo Roma – meretriz!...

Ai! Que lágrimas candentes
Choram órbitas sem luz! –
Que ideia terá Leônidas
Vendo Esparta nos pauis?!...
Alta noite, quando pena
Sobre Árcole, sobre Iena,
Bonaparte – o rei dos reis –,
Que dor d'alma lhe rebenta,
Ao ver su'águia sangrenta
No sabre de Juarez?!...

Porém aqui não há grito,
Nem pranto, nem ai, nem dor...
O presente não desmente
Do seu ninho de condor...
Mãos, que, outrora de crianças
A rir – dentaram as lanças
Dos velhos de Pirajá....

De homens hoje, as empunhando,
Nas batalhas afiando,
Vão caminho de Humaitá!...

Basta!... Curvai-vos, ó povo!...
Ei-los os vultos sem par.
Só de joelhos podemos
Nest'hora augusta fitar
Riachuelo e Cabrito,
Que sobem para o infinito
Como jungidos leões,
Puxando os carros dourados
Dos meteoros largados
Sobre a noite das nações.

OS TRÊS AMORES

I

Minh'alma é como a fronte sonhadora
Do louco bardo, que Ferrara chora...
Sou Tasso!... a primavera de teus risos
De minha vida as solidões enflora...
Longe de ti eu bebo os teus perfumes,
Sigo na terra de teu passo os lumes...
– Tu és Eleonora...

II

Meu coração desmaia pensativo,
Cismando em tua rosa predileta.
Sou teu pálido amante vaporoso,
Sou teu Romeu... teu lânguido poeta!...
Sonho-te às vezes virgem... seminua...
Roubo-te um casto beijo à luz da lua...
– E tu és Julieta...

III

Na volúpia das noites andaluzas
O sangue ardente em minhas veias rola...
Sou D. Juan!... Donzelas amorosas,
Vós conheceis-me os trenos na viola!
Sobre o leito do amor teu seio brilha...
Eu morro, se desfaço-te a mantilha...
Tu és – Júlia, a Espanhola!...

O FANTASMA E A CANÇÃO

> Orgulho! desce os olhos dos céus
> sobre ti mesmo, e vê como os nomes
> mais poderosos vão se refugiar numa
> canção.
> (Byron)

– Quem bate? – "A noite é sombria!"
– Quem bate? – "É rijo o tufão!..."
Não ouvis? a ventania
Ladra à lua como um cão.
– Quem bate? – "O nome qu'importa?
Chamo-me dor... abre a porta!
Chamo-me frio... abre o lar!
Dá-me pão... chamo-me fome!
Necessidade é o meu nome!"
– Mendigo! podes passar!

"Mulher, se eu falar, prometes
A porta abrir-me?" – Talvez.
– "Olha... Nas cãs deste velho
Verás fanados lauréis.
Há no meu crânio enrugado
O fundo sulco traçado
Pela c'roa imperial.
Foragido, errante espectro,
Meu cajado – já foi cetro!
Meus trapos – manto real!"

– Senhor, minha casa é pobre...
Ide bater a um solar!
– "De lá venho... O Rei-fantasma
Baniram do próprio lar.
Nas largas escadarias,

Nas vetustas galerias,
Os pajens e as cortesãs
Cantavam!... Reinava a orgia!...
Festa! Festa! E ninguém via
O Rei coberto de cãs!"

– Fantasmas! Aos grandes, que tombam,
É palácio o mausoléu!
– "Silêncio! De longe eu venho...
Também meu túmulo morreu.
O séc'lo – traça que medra
Nos livros feitos de pedra –
Rói o mármore, cruel.
O tempo – Átila terrível
Quebra co'a pata invisível
Sarcófago e capitel.

Desgraça então para o espectro,
Quer seja Homero ou Solon,
Se, medindo a treva imensa
Vai bater ao Panteon...
O motim – Nero profano –
No ventre da cova insano
Mergulha os dedos cruéis.
Da guerra nos paroxismos
Se abismam mesmo os abismos
E o morto morre outra vez!

Então, nas sombras infindas,
S'esbarram em confusão
Os fantasmas sem abrigo
Nem no espaço, nem no chão...
As almas angustiadas,
Como águias desaninhadas,
Gemendo voam no ar.
E enchem de vagos lamentos
As vagas negras dos ventos,
Os ventos do negro mar!

Bati a todas as portas
Nem uma só me acolheu!...
– Entra! – : Uma voz argentina
Dentro do lar respondeu.
– "Entra, pois! Sombra exilada,
Entra! O verso – é uma pousada
Aos reis que perdidos vão.
A estrofe – é a púrpura extrema,
Último trono – é o poema!
Último asilo – a Canção!..."

O GONDOLEIRO DO AMOR

BARCAROLA

DAMA-NEGRA

Teus olhos são negros, negros,
Como as noites sem luar...
São ardentes, são profundos,
Como o negrume do mar;

Sobre o barco dos amores,
Da vida boiando à flor,
Douram teus olhos a fronte
Do Gondoleiro do amor.

Tua voz é cavatina
Dos palácios de Sorrento,
Quando a praia beija a vaga,
Quando a vaga beija o vento;

E como em noites de Itália
Ama um canto o pescador,
Bebe a harmonia em teus cantos
O Gondoleiro do amor.

Teu sorriso é uma aurora
Que o horizonte enrubesceu
– Rosa aberta com o biquinho
Das aves rubras do céu;

Nas tempestades da vida
Das rajadas no furor,
Foi-se a noite, tem auroras
O Gondoleiro do amor.

Teu seio é vaga dourada
Ao tíbio clarão da lua,
Que, ao murmúrio das volúpias,
Arqueja, palpita nua;

Como é doce, em pensamento,
Do teu colo no langor
Vogar, naufragar, perder-se
O Gondoleiro do amor?!

Teu amor na treva é – um astro,
No silêncio uma canção,
É brisa – nas calmarias,
É abrigo – no tufão;

Por isso eu te amo, querida,
Quer no prazer, quer na dor...
Rosa! Canto! Sombra! Estrela!
Do Gondoleiro do amor.

SUB TEGMINE FAGI

A MELO MORAIS

> Dieu parle dans le calme plus haut que dans
> la tempête.
> (Mickiewicz)

> Deus nobis haec otia fecit.
> (Vírgilio)

Amigo! O campo é o ninho do poeta...
Deus fala, quando a turba está quieta,
Às campinas em flor.
– Noivo – Ele espera que os convivas saiam...
E n'alcova onde as lâmpadas desmaiam
Então murmura – amor –

Vem comigo cismar risonho e grave...
A poesia – é uma luz... e a alma – uma ave...
Querem – trevas e ar.
A andorinha, que é a alma – pede o campo.
A poesia quer sombra – é o pirilampo...
P'ra voar... p'ra brilhar.

Meu Deus! Quanta beleza nessas trilhas...
Que perfume nas doces maravilhas,
Onde o vento gemeu!...
Que flores d'ouro pelas veigas belas!
... Foi um anjo co'a mão cheia de estrelas
Que na terra as perdeu.

Aqui o éter puro se adelgaça...
Não sobe esta blasfêmia de fumaça
Das cidades p'ra o céu.
E a Terra é como o inseto friorento
Dentro da flor azul do firmamento,
Cujo cálix pendeu!...

Qual no fluxo e refluxo, o mar em vagas
Leva a concha dourada… e traz das plagas
Corais em turbilhão,
A mente leva a prece a Deus – por pérolas,
E traz, volvendo após das praias cérulas,
– Um brilhante – o perdão!

A alma fica melhor no descampado…
O pensamento indômito, arrojado
Galopa no sertão,
Qual nos estepes o corcel fogoso
Relincha e parte turbulento, estoso,
Solta a crina ao tufão.

Vem! Nós iremos na floresta densa,
Onde na arcada gótica e suspensa
Reza o vento feral.
Enorme sombra cai da enorme rama…
É o Pagode fantástico de Brama
Ou velha catedral.

Irei contigo pelos ermos – lento –
Cismando, ao pôr do sol, num pensamento
Do nosso velho Hugo.
– Mestre do mundo! Sol da eternidade!…
Para ter por planeta a humanidade,
Deus num cerro o fixou.

Ao longe, na quebrada da colina,
Enlaça a trepadeira purpurina
O negro mangueiral…
Como no Dante a pálida Francesca
Mostra o sorriso rubro e a face fresca
Na estrofe sepulcral.

O povo das formosas amarílis
Embala-se nas balsas, como as Willis
Que o Norte imaginou.

O antro – fala... o ninho s'estremece...
A dríade entre as folhas aparece...
Pã na flauta soprou!...

Mundo estranho e bizarro da quimera,
A fantasia desvairada gera
Um paganismo aqui.
Melhor eu compreendo então Virgílio...
E vendo os Faunos lhe dançar no idílio,
Murmuro crente: – eu vi! –

Quando penetro na floresta triste,
Qual pela ogiva gótica o antiste,
Que procura o Senhor,
Como bebem as aves peregrinas
Nas ânforas de orvalho das boninas,
Eu bebo crença e amor!...

E à tarde, quando o sol – condor sangrento –
No ocidente se aninha sonolento,
Como a abelha na flor...
E a luz da estrela trêmula se irmana
Co'a fogueira noturna da cabana,
Que acendera o pastor,

A lua – traz um raio para os mares...
A abelha – traz o mel... um treno aos lares
Traz a rola a carpir...
Também deixa o poeta a selva escura
E traz alguma estrofe, que fulgura,
P'ra legar ao porvir!...

Vem! Do mundo leremos o problema
Nas folhas da floresta, ou do poema,
Nas trevas ou na luz...
Não vês?... Do céu a cúpula azulada,
Como uma taça sobre nós voltada,
Lança a poesia a flux!...

AS TRÊS IRMÃS DO POETA

(Traduzido de E. Berthoud)

É noite! as sombras correm nebulosas.
Vão três pálidas virgens silenciosas
Através da procela irrequieta.
Vão três pálidas virgens... vão sombrias
Rindo colar num beijo as bocas frias...

Na fronte cismadora do – Poeta –

"Saúde, irmão! Eu sou a Indiferença.
Sou eu quem te sepulta a ideia imensa,
Quem no teu nome a escuridão projeta...
Fui eu que te vesti do meu sudário...
Que vais fazer tão triste e solitário?..."

– "Eu lutarei!" – responde-lhe o Poeta.

"Saúde, meu irmão! Eu sou a Fome.
Sou eu quem o teu negro pão consome...
O teu mísero pão, mísero atleta!
Hoje, amanhã, depois... depois (qu'importa?)
Virei sempre sentar-me à tua porta..."

– "Eu sofrerei" – responde-lhe o Poeta.

"Saúde, meu irmão! Eu sou a Morte.
Suspende em meio o hino augusto e forte.
Marquei-te a fronte, mísero profeta!
Volve ao nada! Não sentes neste enleio
Teu cântico gelar-se no meu seio?!"

– "Eu cantarei no céu" – diz-lhe o Poeta!

O VOO DO GÊNIO

À ATRIZ EUGÊNIA CÂMARA

Um dia, em que na terra a sós vagava
Pela estrada sombria da existência,
Sem rosas – nos vergéis da adolescência,
Sem luz d'estrela – pelo céu do amor;
Senti as asas de um arcanjo errante
Roçar-me brandamente pela fronte,
Como o cisne, que adeja sobre a fonte,
Às vezes toca a solitária flor.

E disse então: "Quem és, pálido arcanjo!
Tu, que o poeta vens erguer do pego?
Eras acaso tu, que Milton cego
Ouvia em sua noite erma de sol?
Quem és tu? Quem és tu?" – "Eu sou o gênio"
Disse-me o anjo "vem seguir-me o passo,
Quero contigo me arrojar no espaço,
Onde tenho por c'roas o arrebol".

"Onde me levas, pois?..." – "Longe te levo
Ao país do ideal, terra das flores,
Onde a brisa do céu tem mais amores
E a fantasia – lagos mais azuis..."
E fui... e fui... ergui-me no infinito,
Lá onde o voo d'águia não se eleva...
Abaixo – via a terra – abismo em treva!
Acima – o firmamento – abismo em luz!

"Arcanjo! arcanjo! que ridente sonho!"
– "Não, poeta, é o vedado paraíso,
Onde os lírios mimosos do sorriso
Eu abro em todo o seio, que chorou,
Onde a loura comédia canta alegre,
Onde eu tenho o condão de um gênio infindo,

Que a sombra de Molière vem sorrindo
Beijar na fronte, que o Senhor beijou..."

"Onde me levas mais, anjo divino?"
– "Vem ouvir, sobre as harpas inspiradas,
O canto das esferas namoradas,
Quando eu encho de amor o azul dos céus.
Quero levar-te das paixões nos mares.
Quero levar-te a dédalos profundos,
Onde refervem sóis... e céus... e mundos...
Mais sóis... mais mundos, e onde tudo é meu...

Mulher! mulher! Aqui tudo é volúpia:
A brisa morna, a sombra do arvoredo,
A linfa clara, que murmura a medo,
A luz que abraça a flor e o céu ao mar.
Ó princesa, a razão já se me perde,
És a sereia da encantada Sila.
Anjo, que transformaste-te em Dalila,
Sansão de novo te quisera amar!

Porém não paras neste voo errante!
A que outros mundos elevar-me tentas?
Já não sinto o soprar de auras sedentas,
Nem bebo a taça de um fogoso amor.
Sinto que rolo em báratros profundos...
Já não tens asas, águia da Tessália,
Maldições sobre ti... tu és Onfália,
Ninguém te ergue das trevas e do horror.

Porém silêncio! No maldito abismo,
Onde caí contigo criminosa,
Canta uma voz, sentida e maviosa,
Que arrependida sobe a Jeová!
Perdão! Perdão! Senhor, p'ra quem soluça,
Talvez seja algum anjo peregrino...
... Mas não! inda eras tu, gênio divino,
Também sabes chorar, como Eloá!"

"Não mais, ó serafim! suspende as asas!
Que, através das estrelas arrastado,
Meu ser arqueja louco, deslumbrado.
Sobre as constelações e os céus azuis.
Arcanjo! Arcanjo! basta... Já contigo
Mergulhei das paixões nas vagas cérulas...
Mas nos meus dedos – já não cabem – pérolas –
Mas na minh'alma – já não cabe – luz!...

O "ADEUS" DE TERESA

A vez primeira que eu fitei Teresa,
Como as plantas que arrasta a correnteza,
A valsa nos levou nos giros seus...
E amamos juntos... E depois na sala
"Adeus" eu disse-lhe a tremer co'a fala...

E ela, corando, murmurou-me: "adeus."

Uma noite... entreabriu-se um reposteiro...
E da alcova saía um cavaleiro
Inda beijando uma mulher sem véus...
Era eu... Era a pálida Teresa!
"Adeus" lhe disse conservando-a presa...

E ela entre beijos murmurou-me: "adeus!"

Passaram tempos... séc'los de delírio
Prazeres divinais... gozos do Empíreo...
... Mas um dia volvi aos lares meus.
Partindo eu disse – "Voltarei!... descansa!..."
Ela, chorando mais que uma criança,

Ela em soluços murmurou-me: "adeus!"

Quando voltei... era o palácio em festa!...
E a voz dela e de um homem lá na orquestra
Preenchiam de amor o azul dos céus.
Entrei! ... Ela me olhou branca ... surpresa!
Foi a última vez que eu vi Teresa!...

E ela arquejando murmurou-me: "adeus!"

A VOLTA DA PRIMAVERA

Aime, et tu renaîtras; fais-toi fleur pour éclore,
Après avoir souffert, il faut souffrir encore,
Il faut aimer sans cesse, après avoir aimé.
(A. de Musset)

Ai! Não maldigas minha fronte pálida,
E o peito gasto ao referver de amores.
Vegetam louros – na caveira esquálida
E a sepultura se reveste em flores.

Bem sei que um dia o vendaval da sorte
Do mar lançou-me na gelada areia.
Serei... que importa? o Dom Juan da morte
Dá-me o teu seio – e tu serás Haidéia!

Pousa esta mão – nos meus cabelos úmidos!...
Ensina à brisa ondulações suaves!
Dá-me um abrigo nos teus seios túmidos!
Fala!... que eu ouço o pipilar das aves!

Já viste às vezes, quando o sol de maio
Inunda o vale, o matagal e a veiga?
Murmura a relva: "Que suave raio!"
Responde o ramo: "Como a luz é meiga!"

E, ao doce influxo do clarão do dia,
O junco exausto, que cedera à enchente,
Levanta a fronte da lagoa fria...
Mergulha a fronte na lagoa ardente...

Se a natureza apaixonada acorda
Ao quente afago do celeste amante,
Diz!... Quando em fogo o teu olhar transborda,
Não vês minh'alma reviver ovante?

É que teu riso me penetra n'alma –
Como a harmonia de uma orquestra santa –
É que teu riso tanta dor acalma...
Tanta descrença!... Tanta angústia!... Tanta!

Que eu digo ao ver tua celeste fronte:
"O céu consola toda dor que existe.
Deus fez a neve – para o negro monte!
Deus fez a virgem – para o bardo triste!"

A MACIEL PINHEIRO

Dieu soit en aide au pieux pèlerin.
(Bouchard)

Partes, amigo, do teu antro de águias,
Onde gerava um pensamento enorme,
Tingindo as asas no levante rubro,
Quando nos vales inda a sombra dorme...
Na fronte vasta, como um céu de ideias,
Aonde os astros surgem mais e mais...
Quiseste a luz das boreais auroras...
Deus acompanhe o peregrino audaz.

Verás a terra da infeliz Moema,
Bem como a Vênus se elevar das vagas;
Das serenatas ao luar dormida,
Que o mar murmura nas douradas plagas.
Terra de glórias, de canções e brios,
Esparta, Atenas, que não tem rivais...
Que, à voz da pátria, deixa a lira e ruge...
Deus acompanhe o peregrino audaz.

E quando o barco atravessar os mares,
Quais pandas asas, desfraldando a vela,
Há de surgir-te esse gigante imenso,
Que sobre os morros campeando vela...
Símb'lo de pedra, que o cinzel dos raios
Talhou nos montes, que se alteiam mais...
Atlas com a forma do gigante povo...
Deus acompanhe o peregrino audaz.

Vai nas planícies dos infindos pampas
Erguer a tenda do soldado vate...
Livre... bem livre a Marselhesa aos ecos
Soltar bramindo no feroz combate...

E após do fumo das batalhas tinto
Canta essa terra, canta os seus gerais,
Onde os gaúchos sobre as éguas voam...
Deus acompanhe o peregrino audaz.

E nesse lago de poesia virgem,
Quando boiares nas sutis espumas,
Sacode estrofes, qual do rio a garça
Pérolas solta das brilhantes plumas.
Pálido moço – como o bardo errante –
Teu barco voa na amplidão fugaz.
A nova Grécia quer um Byron novo...
Deus acompanhe o peregrino audaz.

E eu, cujo peito como u'a harpa homérica
Ruge estridente do que é grande ao sopro,
Saúdo o artista, que ao talhar a glória,
Pega da espada, sem deixar o escopro.
Da caravana guarda a areia a pégada:
No chão da história o passo teu verás...
Deus, que o Mazeppa nos estepes guia...
Deus acompanhe o peregrino audaz.

A UMA TAÇA FEITA DE UM CRÂNIO HUMANO

(Traduzido de Byron)

Não recues! De mim não foi-se o espírito…
Em mim verás – pobre caveira fria –
Único crânio, que ao invés dos vivos,
Só derrama alegria.

Vivi! amei! bebi qual tu: Na morte
Arrancaram da terra os ossos meus.
Não me insultes! empina-me!… que a larva
Tem beijos mais sombrios do que os teus.

Mais val guardar o sumo da parreira
Do que ao verme do chão ser pasto vil;
– Taça – levar dos Deuses a bebida,
Que o pasto do reptil.

Que este vaso, onde o espírito brilhava,
Vá nos outros o espírito acender.
Ai! Quando um crânio já não tem mais cérebro
… Podeis de vinho o encher!

Bebe, enquanto inda é tempo! Uma outra raça,
Quando tu e os teus fordes nos fossos,
Pode do abraço te livrar da terra,
E ébria folgando profanar teus ossos.

E por que não? Se no correr da vida
Tanto mal, tanta dor aí repousa?
É bom fugindo à podridão do lodo
Servir na morte enfim p'ra alguma cousa!…

PEDRO IVO

> Sonhava nesta geração bastarda
> Glórias e liberdade!...
>
> Era um leão sangrento, que rugia,
> Da glória nos clarins se embriagava,
> E vossa gente pálida recuava,
> Quando ele aparecia.
> (Álvares de Azevedo)

I

Rebramam os ventos... Da negra tormenta
Nos montes de nuvens galopa o corcel...
Relincha – troveja... galgando no espaço
Mil raios desperta co'as patas revel.

É noite de horrores... nas grunas celestes,
Nas naves etéreas o vento gemeu...
E os astros fugiram, qual bando de garças
Das águas revoltas do lago do céu.

E a terra é medonha... As árvores nuas
Espectros semelham fincados de pé,
Com os braços de múmias, que os ventos retorcem,
Tremendo a esse grito, que estranho lhes é.

Desperta o infinito... Co'a boca entreaberta
Respira a borrasca do largo pulmão.
Ao longe o oceano sacode as espáduas
– Encélado novo calcado no chão.

É noite de horrores... Por ínvio caminho
Um vulto sombrio sozinho passou,
Co'a noite no peito, co'a noite no busto
Subiu pelo monte –, nas cimas parou.

Cabelos esparsos ao sopro dos ventos,
Olhar desvairado, sinistro, fatal,
Diríeis estátua roçando nas nuvens,
P'ra qual a montanha se fez pedestal.

Rugia a procela – nem ele escutava!...
Mil raios choviam – nem ele os fitou!
Com a destra apontando bem longe a cidade,
Após largo tempo sombrio falou!...

II

Dorme, cidade maldita,
Teu sono de escravidão!...
Dorme, vestal da pureza,
Sobre os coxins do Sultão!...
Dorme, filha da Geórgia,
Prostituta em negra órgia
Sê hoje Lucrécia Bórgia
Da desonra no balcão!...

Dormir?!... Não! Que a infame grita
Lá se alevanta fatal...
Corre o champagne e a desonra
Na orgia descomunal...
Na fronte já tens um laço...
Cadeias de ouro no braço,
De pérolas um baraço,
– Adornos da saturnal!

Louca!... Nem sabe que as luzes,
Que acendeu p'ra as saturnais,
São do enterro de seus brios
Tristes círios funerais...

Que o seu grito de alegria
É o estertor da agonia,
A que responde a ironia
Do riso de Satanás!...

Morreste... E ao teu saimento
Dobra a procela no céu.
E os astros – olhar dos mortos –
A mão da noite escondeu.
Vê!... Do raio mostra a lampa
Mão de espectro, que destampa
Com dedos de ossos a campa,
Onde a glória adormeceu.

E erguem-se as lápides frias
Saltam bradando os heróis:
"Quem ousa da eternidade
Roubar-nos o sono a nós?"
Responde o espectro: "A desgraça!
Que a realeza, que passa,
Com o sangue de vossa raça,
Cospe lodo sobre vós!..."

Fugi, fantasmas augustos!
Caveiras que coram mais
Do que essas faces vermelhas
Dos infames pariás!...
Fugi do solo maldito...
Embuçai-vos no infinito!...
E eu por detrás do granito
Dos montes ocidentais...

Eu também fujo... Eu fugindo!...
Mentira desses vilões!
Não foge a nuvem trevosa
Quando em asas de tufões,
Sobe dos céus à esplanada,
Para tomar emprestada
De raios uma outra espada,

À luz das constelações!...

Como o tigre na caverna
Afia as garras no chão,
Como em Elba amola a espada
Nas pedras – Napoleão,
Tal eu – vaga encapelada,
Recuo de uma passada,
P'ra levar de derribada
Rochedos, reis, multidões...!

III

"Pernambuco! Um dia eu vi-te
Dormido imenso ao luar,
Com os olhos quase cerrados,
Com os lábios – quase a falar...
Do braço o clarim suspenso,
– o punho no sabre extenso
De pedra – recife imenso,
Que rasga o peito do mar...

E eu disse: Silêncio, ventos!
Cala a boca, furacão!
No sonho daquele sono
Perpassa a Revolução!
Este olhar que não se move
'Stá fito em – Oitenta e Nove –
Lê Homero – escuta Jove...
– Robespierre – Dantão.

Naquele crânio entra em ondas
O verbo de Mirabeau...
Pernambuco sonha a escada,
Que também sonhou Jacó;
Cisma a República alçada,
E pega os copos da espada,
Enquanto em su'alma brada:
"Somos irmãos, Vergniaud."

Então repeti ao povo:
– Desperta do sono teu!
Sansão – derroca as colunas!
Quebra os ferros – Prometeu!
Vesúvio curvo – não pares,
Ígnea coma solta aos ares,
Em lavas inunda os mares,
Mergulha o gládio no céu.

República!... Voo ousado
Do homem feito condor!
Raio de aurora inda oculta,
Que beija a fronte ao Tabor!
Deus! Por qu'enquanto que o monte
Bebe a luz desse horizonte,
Deixas vagar tanta fronte,
No vale envolto em negror?!...

Inda me lembro... Era, há pouco,
A luta!... Horror!... Confusão!...
A morte voa rugindo
Da garganta do canhão!...
O bravo a fileira cerra!...
Em sangue ensopa-se a terra!...
E o fumo – o corvo da guerra –
Com as asas cobre a amplidão...

Cheguei!... Como nuvens tontas,
Ao bater no monte – além,
Topam, rasgam-se, recuam...
Tais a meus pés vi também
Hostes mil na luta inglória...
... Da pirâmide da glória
São degraus... Marcha a vitória,
Porque este braço a sustém.

Foi uma luta de bravos,
Como a luta do jaguar,
De sangue eurubesce a terra,

– De fogo enrubesce o ar!...
... Oh!... mas quem faz que eu não vença?
– O acaso... – avalanche imensa,
Da mão do Eterno suspensa,
Que a ideia esmaga ao tombar!...

Não importa! A liberdade
É como a hidra, o Anteu.
Se no chão rola sem forças,
Mais forte do chão se ergueu...
São os seus ossos sangrentos
Gládios terríveis, sedentos...
E da cinza solta aos ventos
Mais um Graco apareceu!...

Dorme, cidade maldita!
Teu sono de escravidão!
Porém no vasto sacrário
Do templo do coração,
Ateia o lume das lampas,
Talvez que um dia dos pampas
Eu surgindo quebre as campas,
Onde te colam no chão.

Adeus! Vou por ti maldito
Vagar nos ermos pauis.
Tu ficas morta, na sombra,
Sem vida, sem fé, sem luz!...
Mas quando o povo acordado
Te erguer do tredo valado,
Virá livre, grande, ousado,
De pranto banhar-me a cruz!...

IV

Assim falara o vulto errante e negro,
Como a estátua sombria do revés,
Uiva o tufão nas dobras de seu manto,
Como um cão do senhor ulula aos pés...

Inda um momento esteve solitário
Da tempestade semelhante ao deus,
Trocando frases com os trovões no espaço
Raios com os astros nos sombrios céus…

Depois sumiu-se dentre as brumas densas
Da negra noite – de su'alma irmã…
E longe… longe… no horizonte imenso
Ressonava a cidade cortesã!…

Vai!… Do sertão esperam-te as Termópilas
A liberdade ainda pulula ali…
Lá não vão vermes perseguir as águias,
Não vão escravos perseguir a ti!

Vai!… Que o teu manto de mil balas roto
É uma bandeira, que não tem rival.
– Desse suor é que Deus faz os astros…
Tens uma espada, que não foi punhal.

Vai, tu que vestes do bandido as roupas,
Mas não te cobres de uma vil libré
Se te renega teu país ingrato,
O mundo, a glória tua pátria é!…

V

E foi-se… E inda hoje nas horas errantes,
Que os cedros farfalham, que ruge o tufão,
E os lábios da noite murmuram nas selvas
E a onça vagueia no vasto sertão.

Se passa o tropeiro nas ermas devesas,
Caminha medroso, figura-lhe ouvir
O infrene galope d'Espectro soberbo,
Com um grito de glória na boca a rugir.

Que importa se o túm'lo ninguém lhe conhece?
Nem tem epitáfio, nem leito, nem cruz?...
Seu túmulo é o peito do vasto universo,
Do espaço – por cúpula – as conchas azuis!...

... Mas contam que um dia rolara o oceano
Seu corpo na praia, que a vida lhe deu...
Enquanto que a glória rolava sua alma
Nas margens da história, na areia do céu!...

OITAVAS A NAPOLEÃO

(Tradução do espanhol, de Lozano)

Águia das solidões!... Ninho atrevido
Foram-te as borrascosas tempestades,
Flamígero cometa suspendido
Sobre o céu infinito das idades.
Tu que, no lago intérmino do olvido,
Lançaste tuas régias claridades...
Deus caído do trono dos mais deuses...
Quem recebeu teus últimos adeuses?...

Não foram as Pirâmides, que ouviram
De teus passos o som e se inclinaram...
Nem as águas do Nilo, que te viram,
E co'as ondas teu nome murmuraram...
Não foram as cidades, que brandiram
As torres como facho... e te aclararam...
Quem foi? Silêncio!... trêmulo de medo
Vejo apenas – um mar... vejo – um rochedo...

A terra, o mar, os céus... espaço estreito
Eram p'ra tua planta de gigante,
Para teto dos paços teus foi feito
O firmamento colossal, flutuante
Como diadema – Os sóis... E como leito
O antártico pólo de diamante...
Teu féretro qual foi?... Titão do Sena
O penhasco fatal de Santa Helena...

Assassina do Encélado da guerra
Só tu foste, Albion... do mar senhora...
Por quê? Porque um pedaço aí de terra
Foi pedir-te o gigante em negra hora...
E lhe deste um penhasco... Oh! Lá se encerra
Tua lenda mais hórrida... Traidora!

Lá seu 'spectro envolto na mortalha
Aos quatro céus a maldição espalha...

Ao leão, que temias, enjaulaste;
E de longe escutando seu rugido,
Tu, senhora do mar... tu desmaiaste!
Pelo punhal traidor ele ferido
Caiu-te aos pés... Então tu respiraste,
Cobarde vencedora do vencido...
Nem mesmo todo o oceano poderia
Lavar este padrão de covardia...

Tu não és tão culpada!... Aonde estava
A França tão potente e tão temida?...
Oh! por que o não salvou?... se o contemplava
Lá dos gelos dos Alpes – soerguida?!...
E ele que a fez tão grande?... Ela folgava!...
Enquanto ao longe do colosso a vida,
Como um vulcão antigo e moribundo,
Lento expirava nesse mar profundo.

BOA-NOITE

Veux-tu donc partir? Le jour est encore éloigné;
C'était le rossignol et non pas l'alouette,
Dont le chant a frappé ton oreille inquiète;
Il chante la nuit sur les branches de ce grenadier,
Crois-moi, cher ami, c'était le rossignol.
(Shakespeare)

Boa-noite, Maria! Eu vou-me embora.
A lua nas janelas bate em cheio.
Boa-noite, Maria! É tarde... é tarde...
Não me apertes assim contra teu seio.

Boa-noite!... E tu dizes – Boa-noite.
Mas não digas assim por entre beijos...
Mas não mo digas descobrindo o peito
– Mar de amor onde vagam meus desejos.

Julieta do céu! Ouve... a calhandra
Já rumoreja o canto da matina.
Tu dizes que eu menti?... pois foi mentira...
... Quem cantou foi teu hálito, divina!

Se a estrela-d'alva os derradeiros raios
Derrama nos jardins do Capuleto,
Eu direi, me esquecendo d'alvorada:
"É noite ainda em teu cabelo preto..."

É noite ainda! Brilha na cambraia
– Desmanchado o roupão, a espádua nua –
O globo de teu peito entre os arminhos
Como entre as névoas se balouça a lua...

É noite, pois! Durmamos, Julieta!
Recende a alcova ao trescalar das flores,
Fechemos sobre nós estas cortinas...
– São as asas do arcanjo dos amores.

A frouxa luz da alabastrina lâmpada
Lambe voluptuosa os teus contornos...
Oh! Deixa-me aquecer teus pés divinos
Ao doudo afago de meus lábios mornos.

Mulher do meu amor! Quando aos meus beijos
Treme tua alma, como a lira ao vento,
Das teclas de teu seio que harmonias,
Que escalas de suspiros, bebo atento!

Ai! Canta a cavatina do delírio,
Ri, suspira, soluça, anseia e chora...
Marion! Marion!... É noite ainda.
Que importa os raios de uma nova aurora?!...

Como um negro e sombrio firmamento,
Sobre mim desenrola teu cabelo...
E deixa-me dormir balbuciando:
– Boa-noite! –, formosa Consuelo!...

ADORMECIDA

Ses longs cheveux épars la couvrent toute entière
La croix de son collier repose dans sa main,
Comme pour témoigner qu'elle a fait sa prière.
Et qu'elle va la faire en s'éveillant demain.
(A. de Musset)

Uma noite eu me lembro... Ela dormia
Numa rede encostada molemente...
Quase aberto o roupão... solto o cabelo
E o pé descalço do tapete rente.

'Stava aberta a janela. Um cheiro agreste
Exalavam as silvas da campina...
E ao longe, num pedaço do horizonte,
Via-se a noite plácida e divina.

De um jasmineiro os galhos encurvados,
Indiscretos entravam pela sala,
E de leve oscilando ao tom das auras,
Iam na face trêmulos – beijá-la.

Era um quadro celeste!... A cada afago
Mesmo em sonhos a moça estremecia...
Quando ela serenava... a flor beijava-a...
Quando ela ia beijar-lhe... a flor fugia...

Dir-se-ia que naquele doce instante
Brincavam duas cândidas crianças...
A brisa, que agitava as folhas verdes,
Fazia-lhe ondear as negras tranças!

E o ramo ora chegava ora afastava-se...
Mas quando a via despeitada a meio,
P'ra não zangá-la... sacudia alegre
Uma chuva de pétalas no seio...

Eu, fitando esta cena, repetia
Naquela noite lânguida e sentida:
"Ó flor! – tu és a virgem das campinas!
Virgem! – tu és a flor de minha vida!..."

JESUÍTAS

(SÉCULO XVIII)

Ó mes frères, je viens vous apporter mon Dieu,
Je viens vous apporter ma tête!
(*Châtiments*, Victor Hugo)

Quando o vento da Fé soprava Europa,
Como o tufão, que impele ao ar a tropa
Das águias, que pousavam no alcantil;
Do zimbório de Roma – a ventania
O bando dos Apóst'los sacudia
Aos cerros do Brasil.

Tempos idos! Extintos luzimentos!
O pó da catequese aos quatro ventos
Revoava nos céus…
Floria após na Índia, ou na Tartária,
No Mississipi, no Peru, na Arábia
Uma palmeira – Deus! –

O navio maltês, do Lácio a vela,
A lusa nau, as quinas de Castela,
Do Holandês a galé
Levavam sem saber ao mundo inteiro
Os vândalos sublimes do cordeiro,
Os átilas da fé.

Onde ia aquela nau? – Ao Oriente.
A outra? – Ao polo. A outra? – Ao ocidente.
Outra? – Ao norte. Outra? – Ao sul.
E o que buscava? A foca além no polo;
O âmbar, o cravo no indiano solo,
Mulheres em 'Stambul.

Ouro – na Austrália; pedras – em Misora!...
"Mentira!" respondia em voz canora
O filho de Jesus...
"Pescadores!... nós vamos no mar fundo
Pescar almas p'ra o Cristo em todo mundo,
Com um anzol – a cruz –!"

Homens de ferro! Mal na vaga fria
Colombo ou Gama um trilho descobria
Do mar nos escarcéus,
Um padre atravessava os equadores,
Dizendo: "Gênios!... sois os batedores
Da matilha de Deus".

Depois as solidões surpresas viam
Esses homens inermes, que surgiam
Pela primeira vez.
E a onça recuando se esgueirava
Julgando o crucifixo... alguma clava
Invencível talvez!

O martírio, o deserto, o cardo, o espinho,
A pedra, a serpe do sertão maninho,
A fome, o frio, a dor,
Os insetos, os rios, as lianas,
Chuvas, miasmas, setas e savanas,
Horror e mais horror...

Nada turbava aquelas frontes calmas,
Nada curvava aquelas grandes almas
Voltadas p'ra amplidão...
No entanto eles só tinham na jornada
Por couraça – a sotaina esfarrapada...
E uma cruz – por bordão.

Um dia a taba do Tupi selvagem
Tocava alarma... embaixo da folhagem
Rangera estranho pé...

O caboclo da rede ao chão saltava,
A seta ervada o arco recurvava...
Estrugia o boré.

E o tacape brandindo, a tribo fera
De um tigre ou de um jaguar ficava à espera
Com gesto ameaçador...
Surgia então no meio do terreiro
O padre calmo, santo, sobranceiro,
O Piaga do amor.

Quantas vezes então sobre a fogueira,
Aos estalos sombrios da madeira,
Entre o fumo e a luz...
A voz do mártir murmurava ungida
"Irmãos! Eu vim trazer-vos – minha vida...
Vim trazer-vos – Jesus!"

Grandes homens! Apóstolos heroicos!...
Eles diziam mais do que os estoicos:
Dor –, tu és um prazer!
"Grelha –, és um leito! Brasa –, és uma gema!
Cravo –, és um cetro! Chama –, um diadema!
Ó morte –, és o viver!"

Outras vezes no eterno itinerário
O sol, que vira um dia no Calvário
Do Cristo a santa cruz,
Enfiava de vir achar nos Andes
A mesma cruz, abrindo os braços grandes
Aos índios rubros, nus.

Eram eles que o verbo do Messias
Pregavam desde o vale às serranias,
Do polo ao Equador...
E o Niagara ia contar aos mares...
E o Chimborazo arremessava aos ares
O nome do Senhor!...

POESIA E MENDICIDADE

(No álbum da Ex.ma Sr.a Dona Maria Justina Proença Pereira Peixoto)

I

Senhora! A Poesia outrora era a Estrangeira,
Pálida, aventureira, errante a viajar,
Batendo em duas portas – ao grito das procelas –
Ao céu – pedindo estrelas, à terra – um pobre lar!

Visão – de áureos lauréis – porém de manto esquálido,
Mulher – de lábio pálido – e olhar – cheio de luz.
Seus passos nos espinhos em sangue se assinalam…
E os astros lhe resvalam – à flor dos ombros nus…

II

Olhai! O sol descamba… A tarde harmoniosa
Envolve luminosa a Grécia em frouxo véu.
Na estrada ao som da vaga, ao suspirar do vento,
De um marco poeirento um velho então se ergueu.

Ergueu-se tateando… é cego… o cego anseia…
Porém o que tateia aquela augusta mão?…
Talvez busca pegar o sol, que lento expira!…
Fado cruel… mentira!… Homero pede pão!

III

Mas ai! volvei, Senhora, os vossos belos olhos
Daquele mar de abrolhos, a um novo quadro! Olhai!
Do vasto salão gótico eu ergo o reposteiro…
O lar é hospitaleiro… Entrai, Senhora, entrai!

Estamos na média idade. Arnês, gládio, armadura
Servem de compostura à sala vasta e chã.
A um lado um galgo esvelto ameiga e acaricia
A mão suave, esguia – à loura castelã.

Vai o banquete em meio... O bardo se alevanta
Pega da lira... canta... uma canção de amor...
Ouvi-o! Para ouvi-lo a estrela pensativa
Alonga pela ogiva um raio de langor!

Dos ramos do carvalho a brisa se debruça...
Na sala alguém soluça... (amor, ou languidez?)
Súbito a nota extrema anseia, treme, rola...
Alguém pede uma esmola... Senhora, não olheis!...

Assim nos tempos idos a musa canta e pede...
Gênio e mendigo... vede... o abismo de irrisões!
Tasso implora um olhar! Vai Ossian mendicante...
Caminha roto o Dante! e pede pão Camões.

IV

Bem sei, Senhora, que ao talento agora
Surgiu a aurora de uma luz amena.
Hoje há salário p'ra qualquer trabalho,
Cinzel, ou malho, ferramenta ou pena!

Melhor que o Rei sabe pagar o pobre
Melhor que o nobre – protetor verdugo –!
Foi surdo um trono... à maior glória vossa...
Abre-se a choça aos Miseráveis de Hugo.

Porém não sei se é por costume antigo,
Que inda é mendigo do cantor o gênio.
Mudem-se os panos do cenário a esmo
O vulto é o mesmo... num melhor proscênio...

V

Hoje o Poeta – caminheiro errante,
Que tem saudade de um país melhor,
Pede uma pérola – à maré montante,
Do seio às vagas – pede – um outro amor.

Alma sedenta de ideal na terra
Busca apagar aquela sede atroz!
Pede a harmonia divinal, que encerra
Do ninho o chilro… da tormenta a voz!

E o rir da folha, o sussurrar da fala,
Trenos da estrela no amoroso estio,
Voz que dos poros o Universo exala
Do céu, da gruta, do alcantil, do rio!

Pede aos pequenos, desde o verme ao tojo,
Ao fraco, ao forte… – preces, gritos, uivos…
Pede das águias o possante arrojo,
Para encontrar os meteoros ruivos.

Pede à mulher que seja boa e linda
– Vestal de um tipo que o ideal revela…
Pois ser formosa é ser melhor ainda…
Se és boa – és luz… mas se és formosa – estrela…

E pede à sombra p'ra aljofrar de orvalhos
A fronte azul da solidão noturna.
E pede às auras p'ra afagar os galhos
E pede ao lírio p'ra enfeitar a furna.

Pede ao olhar a maciez suave
Que tem o arminho e o edredom macio,
O aveludado da penugem d'ave,
Que afaga as plumas no palmar sombrio.

E quando encontra sobre a terra ingrata
Um reverbero do clarão celeste,
– Alma formada de uma essência grata,
Que a lua – doura, e que um perfume veste;

Um rir, que nasce como o broto em maio;
Mostrando seivas de bondade infinda,
Fronte que guarda – a claridade e o raio,
– Virtude e graça – o ser bondosa e linda…

Então, Senhora, sob tanto encanto
Pede o Poeta (que não tem renome)
– Versos – à brisa p'ra vos dar um canto...
Raios ao sol – p'ra vos traçar o nome!...

HINO AO SONO

Ó sono! ó noivo pálido
Das noites perfumosas,
Que um chão de nebulosas
Trilhas pela amplidão!
Em vez de verdes pâmpanos,
Na branca fronte enrolas
As lânguidas papoulas,
Que agita a viração.

Nas horas solitárias,
Em que vagueia a lua,
E lava a planta nua
Na onda azul do mar,
Com um dedo sobre os lábios
No voo silencioso,
Vejo-te cauteloso
No espaço viajar!

Deus do infeliz, do mísero!
Consolação do aflito!
Descanso do precito,
Que sonha a vida em ti!
Quando a cidade tétrica
De angústia e dor não geme...
É tua mão que espreme
A dormideira ali.

Em tua branca túnica
Envolves meio mundo...
É teu seio fecundo.
De sonhos e visões,
Dos templos aos prostíbulos,
Desde o tugúrio ao Paço,
Tu lanças lá do espaço
Punhados de ilusões!...

Da vide o sumo rúbido,
Do hatchiz a essência,
O ópio, que a indolência
Derrama em nosso ser,
Não valem, gênio mágico,
Teu seio, onde repousa
A placidez da lousa
E o gozo de viver...

Ó sono! Unge-me as pálpebras...
Entorna o esquecimento
Na luz do pensamento,
Que abrasa o crânio meu.
Como o pastor da Arcádia,
Que uma ave errante aninha...
Minh'alma é uma andorinha...
Abre-lhe o seio teu.

Tu, que fechaste as pétalas
Do lírio, que pendia,
Chorando a luz do dia
E os raios do arrebol,
Também fecha-me as pálpebras...
Sem Ela o que é a vida?
Eu sou a flor pendida
Que espera a luz do sol.

O leite das eufórbias
P'ra mim não é veneno...
Ouve-me, ó Deus sereno!
Ó Deus consolador!
Com teu divino bálsamo
Cala-me a ansiedade!
Mata-me esta saudade,
Apaga-me esta dor.

Mas quando, ao brilho rútilo
Do dia deslumbrante,
Vires a minha amante
Que volve para mim,
Então ergue-me súbito...
É minha aurora linda...
Meu anjo... mais ainda...
É minha amante enfim!

Ó sono! Ó Deus noctívago!
Doce influência amiga!
Gênio que a Grécia antiga
Chamava de Morfeu,
Ouve!... E se minhas súplicas
Em breve realizares...
Voto nos teus altares
Minha lira de Orfeu!

NO ÁLBUM DO ARTISTA LUÍS C. AMOEDO

Nos tempos idos... O alabastro, o mármore
Reveste as formas desnuadas, mádidas
De Vênus ou Friné.
Nem um véu p'ra ocultar o seio trêmulo,
Nem um tirso a velar a coxa pálida...
O olhar não sonha... vê!

Um dia o artista, num momento lúcido,
Entre gazas de pedra a loura Aspásia
Amoroso envolveu.
Depois, surpreso!... viu-a inda mais lânguida...
Sonhou mais doido aquelas formas lúbricas...
Mais nuas sob um véu.

E o mistério do espírito... A modéstia
E dos talentos reis a santa púrpura...
Artista, és belo assim...
Este santo pudor é só dos gênios! –
Também o espaço esconde-se entre névoas...
E no entanto é... sem-fim!

VERSOS DE UM VIAJANTE

Ai! nenhum mago da Caldéia sábia
A dor abrandará que me devora.
(F. Varella)

Tenho saudades das cidades vastas,
Dos ínvios cerros, do ambiente azul...
Tenho saudades dos cerúleos mares,
Das belas filhas do país do sul!

Tenho saudades de meus dias idos
– Pét'las perdidas em fatal paul –
Pét'las, que outrora desfolhamos juntos,
Morenas filhas do país do sul!

Lá onde as vagas nas areias rolam,
Bem como aos pés da Oriental 'Stambul...
E da Tijuca na nitente espuma
Banham-se as filhas do país do sul.

Onde ao sereno a magnólia esconde
Os pirilampos "de lanterna azul",
Os pirilampos, que trazeis nas coifas,
Morenas filhas do país do sul.

Tenho saudades... ai! de ti, São Paulo,
– Rosa de Espanha no hibernal Friul –
Quando o estudante e a serenata acordam
As belas filhas do país do sul.

Das várzeas longas, das manhãs brumosas,
Noites de névoas, ao rugitar do sul,
Quando eu sonhava nos morenos seios
Das belas filhas do país do sul.

ONDE ESTÁS?

É meia-noite… e rugindo
Passa triste a ventania,
Como um verbo de desgraça,
Como um grito de agonia.
E eu digo ao vento, que passa
Por meus cabelos fugaz:
"Vento frio do deserto,
Onde ela está? Longe ou perto?"
Mas, como um hálito incerto,
Responde-me o eco ao longe:
"Oh! minh'amante, onde estás?…"

Vem! É tarde! Por que tardas?
São horas de brando sono,
Vem reclinar-te em meu peito
Com teu lânguido abandono!…
'Stá vazio nosso leito…
'Stá vazio o mundo inteiro;
E tu não queres qu'eu fique
Solitário nesta vida…
Mas por que tardas, querida?…
Já tenho esperado assaz…
Vem depressa, que eu deliro
Oh! minh'amante, onde estás?…

Estrela – na tempestade,
Rosa – nos ermos da vida,
Íris – do náufrago errante,
Ilusão – d'alma descrida!
Tu foste, mulher formosa!
Tu foste, ó filha do céu!…
… E hoje que o meu passado
Para sempre morto jaz…
Vendo finda a minha sorte,
Pergunto aos ventos do Norte…
"Oh! minh'amante, onde estás?…"

A BOA VISTA

Sonha, poeta, sonha! Aqui sentado
No tosco assento da janela antiga,
Apoias sobre a mão a face pálida,
Sorrindo – dos amores à cantiga.
(Álvares de Azevedo)

Era uma tarde triste, mas límpida e suave...
Eu – pálido poeta – seguia triste e grave
A estrada, que conduz ao campo solitário,
Como um filho, que volta ao paternal sacrário,
E ao longe abandonando o múrmur da cidade
– Som vago, que gagueja em meio à imensidade –,
No drama do crepúsculo eu escutava atento
A surdina da tarde ao sol, que morre lento.

A poeira da estrada meu passo levantava,
Porém minh'alma ardente no céu azul marchava
E os astros sacudia no voo violento
– Poeira, que dormia no chão do firmamento.

A pávida andorinha, que o vendaval fustiga,
Procura os coruchéus da catedral antiga.
Eu – andorinha entregue aos vendavais do inverno,
Ia seguindo triste p'ra o velho lar paterno.

Como a águia, que do ninho talhado no rochedo
Ergue o pescoço calvo por cima do fraguedo,
–(P'ra ver no céu a nuvem, que espuma o firmamento,
E o mar – corcel que espuma ao látego do vento...)
Longe o feudal castelo levanta a antiga torre,
Que aos raios do poente brilhante sol escorre!

Ei-lo soberbo e calmo o abutre de granito
Mergulhando o pescoço no seio do infinito,
E lá de cima olhando com seus clarões vermelhos
Os tetos, que a seus pés parecem de joelhos!...

Não! Minha velha torre! Oh! atalaia antiga,
Tu olhas esperando alguma face amiga,
E perguntas talvez ao vento, que em ti chora:
"Por que não volta mais o meu senhor d'outrora?
Por que não vem sentar-se no banco do terreiro
Ouvir das criancinhas o riso feiticeiro,
E pensando no lar, na ciência, nos pobres
Abrigar nesta sombra seus pensamentos nobres?

Onde estão as crianças – grupo alegre e risonho
– Que escondiam-se atrás do cipreste tristonho...
Ou que enforcaram rindo um feio Pulchinello,
Enquanto a doce Mãe, que é toda amor, desvelo
Ralha com um rir divino o grupo folgazão,
Que vem correndo alegre beijar-lhe a branca mão?...

É nisto que tu cismas, ó torre abandonada,
Vendo deserto o parque e solitária a estrada.
No entanto eu – estrangeiro, que tu já não conheces –
No limiar de joelhos só tenho pranto e preces.

Oh! deixem-me chorar!... Meu lar... meu doce ninho!
Abre a vetusta grade ao filho teu mesquinho!
Passado – mar imenso!... inunda-me em fragrância!
Eu não quero lauréis, quero as rosas da infância.

Ai! Minha triste fronte, aonde as multidões
Lançaram misturadas glórias e maldições...
Acalenta em teu seio, ó solidão sagrada!
Deixa est'alma chorar em teu ombro encostada!

Meu lar está deserto... Um velho cão de guarda
Veio saltando a custo roçar-me a testa parda,
Lamber-me após os dedos, porém a sós consigo
Rusgando com o direito, que tem um velho amigo...
Como tudo mudou-se!... O jardim 'stá inculto
As roseiras morreram do vento ao rijo insulto...

A erva inunda a terra; o musgo trepa os muros
A urtiga silvestre enrola em nós impuros
Uma estátua caída, em cuja mão nevada
A aranha estende ao sol a teia delicada!...
Mergulho os pés nas plantas selvagens, espalmadas,
As borboletas fogem-me em lúcidas manadas...
E ouvindo-me as passadas tristonhas, taciturnas,
Os grilos, que cantavam, calaram-se nas furnas...

Oh! jardim solitário! Relíquia do passado!
Minh'alma, como tu, é um parque arruinado!
Morreram-me no seio as rosas em fragrância,
Veste o pesar os muros dos meus vergéis da infância,
A estátua do talento, que pura em mim s'erguia,
Jaz hoje – e nela a turba enlaça uma ironia!...
Ao menos como tu, lá d'alma num recanto
Da casta poesia ainda escuto o canto,
Voz do céu, que consola, se o mundo nos insulta,
E na gruta do seio murmura um treno oculta.

Entremos!... Quantos ecos na vasta escadaria,
Nos longos corredores respondem-me à porfia!...

Oh! casa de meus pais!... A um crânio já vazio,
Que o hóspede largando deixou calado e frio,
Compara-te o estrangeiro – caminhando indiscreto
Nestes salões imensos, que abriga o vasto teto.

Mas eu no teu vazio – vejo uma multidão
Fala-me o teu silêncio – ouço-te a solidão!...
Povoam-se estas salas...

E eu vejo lentamente
No solo resvalarem falando tenuemente
Dest'alma e deste seio as sombras venerandas
Fantasmas adorados – visões sutis e brandas...

Aqui... além... mais longe... por onde eu movo o passo,
Como aves, que espantadas arrojam-se ao espaço,
Saudades e lembranças s'erguendo – bando alado –
Roçam por mim as asas voando p'ra o passado.

A UMA ESTRANGEIRA

(Lembrança de uma noite no mar)

Sens-tu mon coeur, comme il palpite?
Le tien comme il battait gaiement!
Je m'en vais pourtant, ma petite,
Bien loin, bien vite,
Toujours t'aimant.
(Chanson)

Inês! nas terras distantes,
Aonde vives talvez,
Inda lembram-te os instantes
Daquela noite divina?...
Estrangeira, peregrina,
Quem sabe? – Lembras-te, Inês?

Branda noite! A noite imensa
Não era um ninho? – Talvez!...
Do Atlântico a vaga extensa
Não era um berço? – Oh! Se o era...
Berço e ninho... ai, primavera!
O ninho, o berço de Inês.

Às vezes estremecias...
Era de febre? Talvez...
Eu pegava-te as mãos frias
P'ra aquentá-las em meus beijos...
Oh! palidez! Oh! desejos!
Oh! longos cílios de Inês.

Na proa os nautas cantavam;
Eram saudades?... Talvez!
Nossos beijos estalavam
Como estala a castanhola...:
Lembras-te acaso, espanhola?
Acaso lembras-te, Inês?

Meus olhos nos teus morriam...
Seria vida? – Talvez!
E meus prantos te diziam:
"Tu levas minh'alma, ó filha,
Nas rendas desta mantilha...
Na tua mantilha, Inês!"

De Cadiz o aroma ainda
Tinhas no seio... – Talvez!
De Buenos Aires a linda,
Volvendo aos lares, trazia
As rosas de Andaluzia
Nas lisas faces de Inês!

E volvia a Americana
Do Plata às vagas... Talvez?
E a brisa amorosa, insana
Misturava os meus cabelos
Aos cachos escuros, belos,
Aos negros cachos de Inês!

As estrelas acordavam
Do fundo do mar... Talvez!
Na proa as ondas cantavam,
E a serenata divina
Tu, com a ponta da botina,
Marcavas no chão... Inês!

Não era cumplicidade
Do céu, dos mares? Talvez!
Dir-se-ia que a imensidade
– Conspiradora mimosa –
Dizia à vaga amorosa:
"Segreda amores a Inês!"

E como um véu transparente,
Um véu de noiva… talvez,
Da lua o raio tremente
Te enchia de casto brilho…
E a rastos no tombadilho
Caía a teus pés… Inês!

E essa noite delirante
Pudeste esquecer? – Talvez…
Ou talvez que neste instante,
Lembrando-te inda saudosa,
Suspires, moça formosa!…
Talvez te lembres… Inês!

PERSEVERANDO

(Tradução de V. Hugo)

A REGUEIRA COSTA

A águia é o gênio... Da tormenta o pássaro,
Que do monte arremete altivo píncaro,
Qu'ergue um grito aos fulgores do arrebol,
Cuja garra jamais se pela em lodo,
E cujo olhar de fogo troca raios
– Contra os raios do sol.

Não tem ninho de palhas... tem um antro
– Rocha talhada ao martelar do raio,
– Brecha em serra, ant'a qual o olhar tremeu...
No flanco da montanha – asilo trêmulo,
Que sacode o tufão entre os abismos
– O precipício e o céu.

Nem pobre verme, nem dourada abelha
Nem azul borboleta... sua prole
Faminta, boquiaberta espera ter...
Não! São aves da noite, são serpentes,
São lagartos imundos, que ela arroja
Aos filhos p'ra viver.

Ninho de rei!... palácio tenebroso,
Que a avalanche a saltar cerca tombando!...
O gênio aí enseiba a geração...
E ao céu lhe erguendo os olhos flamejantes
Sob as asas de fogo aquenta as almas
Que um dia voarão.

Por que espantas-te, amigo, se tua fronte
Já de raios pejada, choca a nuvem?...
Se o réptil em teu ninho se debate?...
É teu folgar primeiro... é tua festa!...
Águias! P'ra vós cad'hora é uma tormenta,
Cada festa um combate!...

Radia!... É tempo!... E se a lufada erguer-se
Muda a noite feral em prisma fúlgido!
De teu alto pensar completa a lei!...
Irmão! – Prende esta mão de irmão na minha!
Toma a lira – Poeta! Águia! – esvoaça!
Sobe, sobe, astro rei!...

De tua aurora a bruma vai fundir-se
Águia! faz-te mirar do sol, do raio;
Arranca um nome no febril cantar.
Vem! A glória, que é o alvo de vis setas,
É bandeira arrogante, que o combate
Embeleza ao rasgar.

O meteoro real – de coma fúlgida –
Rola e se engrossa ao devorar dos mundos...
Gigante! Cresces todo dia assim!...
Tal teu gênio, arrastando em novos trilhos
No curso audaz constelações de ideias,
Marcha e recresce no marchar sem fim!...

O CORAÇÃO

O Coração é o colibri dourado
Das veigas puras do jardim do céu.
Um – tem o mel da granadilha agreste,
Bebe os perfumes, que a bonina deu.

O outro – voa em mais virentes balsas,
Pousa de um riso na rubente flor.
Vive do mel – a que se chama – crenças –,
Vive do aroma – que se diz – amor. –

MURMÚRIOS DA TARDE

Écoute! tout se tait; songe à ta bien-aimée,
Ce soir, sous les tilleuls, à la sombre ramée,
Le rayon du couchant laisse un adieu plus doux,
Ce soir, tout va fleurir: l'immortelle nature
Se remplit de parfuns, d'amour et de murmure
Comme le lit joyeux de deux jeunes époux.
(A. de Musset)

Rosa! Rosa de amor purpúrea e bela.
(Garret)

Ontem à tarde, quando o sol morria,
A natureza era um poema santo.
De cada moita a escuridão saía,
De cada gruta rebentava um canto,
Ontem à tarde, quando o sol morria.

Do céu azul na profundeza escura
Brilhava a estrela, como um fruto louro,
E qual a foice, que no chão fulgura,
Mostrava a lua o semicírc'lo d'ouro,
Do céu azul na profundeza escura.

Larga harmonia embalsamava os ares!
Cantava o ninho – suspirava o lago…
E a verde pluma dos sutis palmares
Tinha das ondas o murmúrio vago…
Larga harmonia embalsamava os ares.

Era dos seres a harmonia imensa,
Vago concerto de saudade infinda!
"Sol – não me deixes", diz a vaga extensa,
"Aura – não fujas", diz a flor mais linda;
Era dos seres a harmonia imensa!

"Leva-me! leva-me em teu seio amigo"
Dizia às nuvens o choroso orvalho,
"Rola que foges", diz o ninho antigo,
'Leva-me ainda para um novo galho...
Leva-me! leva-me em teu seio amigo."

"Dá-me inda um beijo, antes que a noite venha!
Inda um calor, antes que chegue o frio..."
E mais o musgo se conchega à penha
E mais à penha se conchega o rio...
"Dá-me inda um beijo, antes que a noite venha!"

E tu no entanto no jardim vagavas,
Rosa de amor, celestial Maria...
Ai! como esquiva sobre o chão pisavas,
Ai! como alegre a tua boca ria...
E tu no entanto no jardim vagavas.

Eras a estrela transformada em virgem!
Eras um anjo, que se fez menina!
Tinhas das aves a celeste origem.
Tinhas da lua a palidez divina,
Eras a estrela transformada em virgem!

Flor! Tu chegaste de outra flor mais perto,
Que bela rosa! que fragrância meiga!
Dir-se-ia um riso no jardim aberto,
Dir-se-ia um beijo, que nasceu na veiga...
Flor! Tu chegaste de outra flor mais perto!...

E eu, que escutava o conversar das flores,
Ouvi que a rosa murmurava ardente:
"Colhe-me, ó virgem – não terei mais dores,
Guarda-me, ó bela, no teu seio quente..."
E eu escutava o conversar das flores.

"Leva-me! leva-me, ó gentil Maria!"
Também então eu murmurei cismando...
"Minh'alma é rosa, que a geada esfria...
Dá-lhe em teus seios um asilo brando...
Leva-me! leva-me, ó gentil Maria!..."

PELAS SOMBRAS

(Ao Padre Francisco de Paula)

C'est que je suis frappé du doute
C'est que l'étoile de la foi
N'éclaire plus ma noire route :
Tout est abîme autour de moi !
(La Morvonnais)

Senhor! A noite é brava... a praia é toda escolhos.
Ladram na escuridão das Circes as cadelas...
As lívidas marés atiram, a meus olhos,
Cadáveres, que riem à face das estrelas!

Da garça do oceano as ensopadas penas
O mórbido suor enxugam-me da testa.
Na aresta do rochedo o pé se firma apenas...
No entanto ouço do abismo a rugidora festa!...

Nas orlas de meu manto o vendaval s'enrola...
Como invisível destra açoita as faces minhas...
Enquanto que eu tropeço... um grito ao longe rola...
"Quem foi?" perguntam rindo as solidões marinhas.

Senhor! Um facho ao menos empresta ao caminhante.
A treva me assoberba... O' Deus! dá-me um clarão!

E uma Voz respondeu nas sombras triunfante:
"Acende, ó Viajor! – o facho da Razão!"

Senhor! Ao pé do lar, na quietação, na calma
Pode a flama subir brilhante, loura, eterna;
Mas quando os vendavais, rugindo, passam n'alma,
Quem pode resguardar a trêmula lanterna?

Torcida... desgrenhada aos dedos da lufada
Bateu-me contra o rosto... e se abismou na treva
Eu vi-a vacilar... e minha mão queimada
A lâmpada sem luz embalde ao raio eleva.

Quem fez a gruta – escura, o pirilampo cria!
Quem fez a noite – azul, inventa a estrela clara!
Na fronte do oceano – acende uma ardentia!
Com o floco do Santelmo – a tempestade aclara!

Mas ai! Que a treva interna – a dúvida constante –
Deixaste assoberbar-me em funda escuridão!...

E uma Voz respondeu nas sombras triunfante:
"Acende, ó Viajor! a Fé no coração!..."

ODE AO DOUS DE JULHO

(Recitada no Teatro São Paulo)

Era no dous de julho. A pugna imensa
Travara-se nos cerros da Bahia...
O anjo da morte pálido cosia
Uma vasta mortalha em Pirajá.
Neste lençol tão largo, tão extenso,
Como um pedaço roto do infinito...
O mundo perguntava erguendo um grito:
"Qual dos gigantes morto rolará?!..."

Debruçados do céu... a noite e os astros
Seguiam da peleja o incerto fado...
Era a tocha – o fuzil avermelhado!
Era o Circo de Roma – o vasto chão!
Por palmas – o troar da artilharia!
Por feras – os canhões negros rugiam!
Por atletas – dous povos se batiam!
Enorme anfiteatro – era a amplidão!

Não! Não eram dous povos, que abalavam
Naquele instante o solo ensanguentado...
Era o porvir – em frente do passado,
A liberdade – em frente à escravidão,
Era a luta das águias – e do abutre,
A revolta do pulso – contra os ferros,
O pugilato da razão – com os erros,
O duelo da treva – e do clarão!...

No entanto a luta recrescia indômita...
As bandeiras – como águias eriçadas –
Se abismavam com as asas desdobradas
Na selva escura da fumaça atroz...
Tonto de espanto, cego de metralha,
O arcanjo do triunfo vacilava...
E a glória desgrenhada acalentava
O cadáver sangrento dos heróis!...

Mas quando a branca estrela matutina
Surgiu do espaço... e as brisas forasteiras
No verde leque das gentis palmeiras
Foram cantar os hinos do arrebol,
Lá do campo deserto da batalha
Uma voz se elevou clara e divina:
Eras tu – liberdade peregrina!
Esposa do porvir – noiva do sol!...

Eras tu que, com os dedos ensopados
No sangue dos avós mortos na guerra,
Livre sagravas a Colúmbia terra,
Sagravas livre a nova geração!
Tu que erguias, subida na pirâmide,
Formada pelos mortos do Cabrito,
Um pedaço de gládio – no infinito...
Um trapo de bandeira – n'amplidão!...

A DUAS FLORES

São duas flores unidas,
São duas rosas nascidas
Talvez no mesmo arrebol,
Vivendo no mesmo galho,
Da mesma gota de orvalho,
Do mesmo raio de sol.

Unidas, bem como as penas
Das duas asas pequenas
De um passarinho do céu...
Como um casal de rolinhas,
Como a tribo de andorinhas
Da tarde no frouxo véu.

Unidas, bem como os prantos;
Que em parelha descem tantos
Das profundezas do olhar...
Como o suspiro e o desgosto,
Como as covinhas do rosto,
Como as estrelas do mar.

Unidas... Ai quem pudera
Numa eterna primavera
Viver, qual vive esta flor.
Juntar as rosas da vida
Na rama verde e florida,
Na verde rama do amor!

O TONEL DAS DANAIDES

DIÁLOGO

Na torrente caudal de seus cabelos negros
Alegre eu embarquei da vida a rubra flor.

– Poeta! Eras o Doge o anel lançando às ondas...
Ao fundo de um abismo... arremessaste o amor.

Depois minh'alma ao som da Lira de cem vozes
Sublimes fantasias em notas desfolhou.

– Cleópatra também p'ra erguer no Tibre a espuma
As pér'las do colar nas vagas desfiou!

Depois fiz de meu verso a púrpura escarlate
Por onde ela pisasse em marcha triunfal!

– Como Hércules, volveste aos pés da insana Onfália
O fuso feminil de uma paixão fatal.

Um dia ela me disse: "Eu sou uma exilada!"
Ergui-me... e abandonei meu lar e meu país...

– Assim o filho pródigo atira as vestes quentes
E treme no caminho aos pés da meretriz.

E quando debrucei-me à beira daquela alma
P'ra ver toda riqueza e afetos que lhe dei! ...

– Ai! nada mais achaste! o abismo os devorara...
O pego se esqueceu da dádiva do Rei!

Na gruta do chacal ao menos restam ossos...
Mas tudo sepultou-me aquele amor cruel!

– Poeta! O coração da fria Messalina
É das fatais Danaides o pérfido Tonel!

A LUÍS

(No Dia de Seu Natalício)

> A imaginação, com o voo ousado, aspira a princípio à eternidade... Depois um pequeno espaço basta em breve para os destroços de nossas esperanças iludidas!...
> (Goethe)

Como um perfume de longínquas plagas
Traz o vento da pátria ao peregrino,
Ó meu amigo! que saudade infinda
Tu me trazes dos tempos de menino!

É o ledo enxame de sutis abelhas
Que vem lembrar à flor o mel d'aurora...
Acres perfumes de uma idade ardente
Quando o lábio sorri... mas nunca chora!

Que tempos idos! que esperanças louras!
Que cismas de poesia e de futuro!
Nas páginas do triste Lamartine
Quanto sonho de amor pousava puro!...

E tu falavas de um amor celeste,
De um anjo, que depois se fez esposa...
– Moça, que troca os risos de criança
Pelo meigo cismar de mãe formosa.

Oh! meu amigo! neste doce instante
O vento do passado em mim suspira,
E minh'alma estremece de alegria,
Como ao beijo da noite geme a lira.

Tu paraste na tenda, ó peregrino!
Eu vou seguindo do deserto a trilha;
Pois bem... que a lira do poeta errante
Seja a bênção do lar e da família.

DALILA

Fair defect of nature.
(Milton – Paradise Lost)

Foi desgraça, meu Deus!... Não!... Foi loucura
Pedir seiba de vida – à sepultura,
Em gelo – me abrasar,
Pedir amores – a Marco sem brio,
E a rebolcar-me em leito imundo e frio
– A ventura buscar.

Errado viajor – sentei-me à alfombra
E adormeci da mancenilha à sombra
Em berço de cetim...
Embalava-me a brisa no meu leito...
Tinha o veneno a lacerar-me o peito
– A morte dentro em mim...

Foi loucura!... No ocaso – tomba o astro;
A estátua branca e pura de alabastro
– Se mancha em lodo vil...
Quem rouba a estrela – à tumba do ocidente?
Que Jordão lava na lustral corrente
O marmóreo perfil?...

Talvez!... Foi sonho!... Em noite nevoenta
Ela passou sozinha, macilenta,
Tremendo a soluçar...
Chorava – nenhum eco respondia...
Sorria – a tempestade além bramia...
E ela sempre a marchar.

E eu disse-lhe: Tens frio? – arde minha alma.
Tens os pés a sangrar? – podes em calma
Dormir no peito meu.
Pomba errante – é meu peito um ninho vago!
Estrela – tens minha alma – imenso lago –
Reflete o rosto teu! …

E amamos – Este amor foi um delírio…
Foi ela minha crença, foi meu lírio,
Minha estrela sem véu…
Seu nome era o meu canto de poesia,
Que com o sol – pena de ouro – eu escrevia
Nas laminas do céu.

Em seu seio escondi-me… como à noite
Incauto colibri, temendo o açoite
Das iras do tufão,
A cabecinha esconde sob as asas,
Faz seu leito gentil por entre as gazas
Da rosa do Japão.

E depois… embalei-a com meus cantos
Seu passado esqueci… lavei com prantos
Seu lodo e maldição…
…Mas um dia acordei… E mal desperto
Olhei em torno a mim… – Tudo deserto…
Deserto o coração…

Ao vento, que gemia pelas franças
Por ela perguntei… de suas tranças
À flor que ela deixou…
Debalde… Seu lugar era vazio…
E meu lábio queimado e o peito frio,
Foi ela que o queimou…

Minha alma nodoou no ósculo imundo,
Bem como Satanás – beijando o mundo –
Manchou a criação,
Simum – crestou-me da esperança as flores...
Tormenta – ela afogou nos seus negrores
A luz da inspiração...

Vai, Dalila!... É bem longa tua estrada...
É suave a descida – terminada
Em báratro cruel.
Tua vida – é um banho de ambrósia...
Mais tarde a morte e a lâmpada sombria
Pendente do bordel.

Hoje flores... A música soando...
As perlas do Champagne gotejando
Em taças de cristal.
A volúpia a escaldar na lonca insônia...
Mas sufoca os festins de Babilônia
A legenda fatal.

Tens o seio de fogo e a alma fria.
O cetro empunhas lúbrico da orgia
Em que reinas tu só!...
Mas que finda o ranger de uma mortalha,
A enxada do coveiro que trabalha
A revolver o pó.

Não te maldigo, não!... Em vasto campo
Julguei-te – estrela –, e eras – pirilampo
Em meio à cerração...
Prometeu – quis dar luz à fria argila...
Não pude... Pede a Deus, louca Dalila,
A luz da redenção!!...

AS DUAS ILHAS

(Sobre uma página de poesia de V. Hugo com o mesmo título)

Quando à noite – às horas mortas –
O silêncio e a solidão
– Sob o dossel do infinito –
Dormem do mar n'amplidão,
Vê-se, por cima dos mares,
Rasgando o teto dos ares
Dois gigantescos perfis...
Olhando por sobre as vagas,
Atentos, longínquas plagas
Ao clarear dos fuzis.

Quem os vê, olha espantado
E a sós murmura: "O que é?
Ai! que atalaias gigantes,
São essas além de pé?!..."
Adamastor de granito
Co'a testa roça o infinito
E a barba molha no mar;
E de pedra a cabeleira
Sacudind'a onda ligeira
Faz de medo recuar...

São – dous marcos miliários,
Que Deus nas ondas plantou.
Dous rochedos, onde o mundo
Dous Prometeus amarrou!...
– Acolá... (Não tenhas medo!...)
É Santa Helena – o rochedo
Desse Titã, que foi rei!...
– Ali... (Não feches os olhos!...)
Ali... aqueles abrolhos
São a ilha de Jersey!...

São eles – os dous gigantes
No século de pigmeus.
São eles – que a majestade
Arrancam da mão de Deus.
– Este concentra na fronte
Mais astros – que o horizonte,
Mais luz – do que o sol lançou!...
– Aquele – na destra alçada
Traz segura sua espada
– Cometa, que ao céu roubou!...

E olham os velhos rochedos
O Sena, que dorme além...
E a França, que entre a caligem
Dorme em sudário também...
E o mar pergunta espantado:
"Foi deveras desterrado
Bonaparte – meu irmão?..."
Diz o céu astros chorando:
"E Hugo?... " E o mundo pasmando
Diz: "Hugo... Napoleão!..."

Como vasta reticência
Se estende o silêncio após...
És muito pequena, ó França,
P'ra conter estes heróis...
Sim! que estes vultos augustos
Para o leito de Procustos
Muito grandes Deus traçou...
Basta os reis tremam de medo
Se a sombra de algum rochedo
Sobre eles se projetou!...

Dizem que, quando, alta noite,
Dorme a terra – e vela Deus,
As duas ilhas conversam
Sem temor perante os céus.
– Jersey curva sobre os mares
À Santa Helena os pensares
Segreda do velho Hugo…
– E Santa Helena no entanto
No Salgueiro enxuga o pranto
E conta o que Ele falou…

E olhando o presente infame
Clamam: "Da turba vulgar
Nós – infinitos de pedra –
Nós havemo-los vingar!…"
E do mar sobre as escumas,
E do céu por sobre as brumas,
Um ao outro dando a mão…
Encaram a imensidade
Bradando: "A Posteridade!…"
Deus ri-se e diz: "Inda não!…"

AO ATOR JOAQUIM AUGUSTO

Um dia Pigmalião – o estatuário
Da oficina no tosco santuário
Pôs-se a pedra a talhar...
Surgem contornos lânguidos, amenos...
E dos flocos de mármore outra Vênus
Surge dest'outro mar.

De orgulho o mestre ri... A estátua é bela!
Da Grécia as filhas por inveja dela
Vão nas grutas gemer...
Mas o artista soluça: "Ó Grande Jove!
Ela é bela... bem sei – mas não se move!
É sombra – e não mulher!"

Então do excelso Olimpo o deus – tonante
Manda que desça um raio fulgurante
À tenda do escultor.
Vive a estátua! Nos olhos – treme o pejo,
Vive a estátua!... Na boca – treme um beijo,
Nos seios – treme amor.

O poeta é – o moderno estatuário
Que na vigília cria solitário
Visões de seio nu!
O mármore da Grécia – é o novo drama!
Mas o raio vital quem lá derrama?...
É Júpiter!... És tu!...

Como Gluck nas selvas aprendia
Ao som do violoncelo a melodia
Da santa inspiração,
Assim bebes atento a voz obscura
Do vento das paixões na selva escura
Chamada – multidão.

Gargalhadas, suspiros, beijos, gritos,
Cantos de amor, blasfêmias de precitos,
Choro ou reza infantil,
Tudo colhes... e voltas co'as mãos cheias,
– O crânio largo a transbordar de ideias
E de criações mil.

Então começa a luta, a luta enorme,
Desta matéria tosca, áspera, informe,
Que na praça apanhou.
Teu gênio vai forjar novo tesouro...
O cobre escuro vai mudar-se em ouro,
Como Fausto o sonhou!

Glória ao Mestre! Passando por seus dedos
Dói mais a dor... os risos são mais ledos...
O amor é mais do céu...
Rebenta o ouro desta fronte acesa!
O artista corrigiu a natureza!
O alquimista venceu!

Então surges, Ator! e do proscênio
Atiras as moedas do teu gênio
As pasmas multidões.
Pródigo enorme! a tua enorme esmola
Cunhada pela efígie tua rola
Nos nossos corações.

Por isso agora, no teu almo dia,
Vieram dando as mãos a Poesia
E o povo, bem o vês;
Como nos tempos dessa Roma antiga
Aos pos desse outro Augusto a plebe amiga
Atirava lauréis...

Augusto! E o nome teu não se desmente...
O diadema real na vasta frente
Cinges... eu bem o sei!
Mandas no povo deste novo Lácio...
E os poetas repetem como Horácio:
"Salve! Augusto! Rei!"

OS ANJOS DA MEIA-NOITE

(Fotografias)

I

Quando a insônia, qual lívido vampiro,
Como o arcanjo da guarda do Sepulcro,
Vela à noite por nós,
E banha-se em suor o travesseiro,
E além geme nas franças do pinheiro
Da brisa a longa voz...

Quando sangrenta a luz no alampadário
Estala, cresce, expira, após ressurge,
Como uma alma a penar;
E canta aos guizos rubros da loucura
A febre – a meretriz da sepultura –
A rir e a soluçar...

Quando tudo vacila e se evapora,
Muda e se anima, vive e se transforma,
Cambaleia e se esvai...
E da sala na mágica penumbra
Um mundo em trevas rápido se obumbra...
E outro das trevas sai...

Então... nos brancos mantos, que arregaçam
Da meia-noite os Anjos alvos passam
Em longa procissão!
E eu murmuro ao fitá-los assombrado:
São os Anjos de amor de meu passado
Que desfilando vão...

Almas, que um dia no meu peito ardente
Derramastes dos sonhos a semente,
          Mulheres, que eu amei!
Anjos louras do céu! Virgens serenas!
Madonas, Querubins ou Madalenas!
          Surgi! Aparecei!

Vinde, fantasmas! Eu vos amo ainda;
Acorde-se a harmonia à noite infinda
          Ao roto bandolim…
E no éter, que em notas se perfuma,
As visões s'alteando uma por uma,
          Vão desfilando assim!…

1ª SOMBRA

MARIETA

Como o gênio da noite, que desata
O véu de rendas sobre a espádua nua,
Ela solta os cabelos... Bate a lua
Nas alvas dobras de um lençol de prata...

O seio virginal, que a mão recata,
Embalde o prende a mão... cresce, flutua...
Sonha a moça ao relento... Além na rua
Preludia um violão na serenata!...

... Furtivos passos morrem no lajedo...
Resvala a escada do balcão discreta...
Matam lábios os beijos em segredo...

Afoga-me os suspiros, Marieta!
Ó surpresa! Ó palor! Ó pranto! Ó medo!
Ai! Noites de Romeu e Julieta!...

2ª SOMBRA

BÁRBORA

Erguendo o cálix, que o Xerez perfuma,
Loura a trança alastrando-lhe os joelhos,
Dentes níveos em lábios tão vermelhos,
Como boiando em purpurina escuma;

Um dorso de Valquíria... alvo de bruma,
Pequenos pés sob infantis artelhos,
Olhos vivos, tão vivos como espelhos,
Mas como eles também sem chama alguma;

Garganta de um palor alabastrino,
Que harmonias e músicas respira...
No lábio – um beijo... no beijar – um hino;

Harpa eólia a esperar que o vento a fira,
– Um pedaço de mármore divino...
– É o retrato de Bárbora – a Hetaíra. –

3ª SOMBRA

ESTER

Vem! No teu peito cálido e brilhante
O nardo oriental melhor transpira!...
Enrola-te na longa cachemira,
Como as Judias moles do Levante.

Alva a clâmide aos ventos – roçagante...
Túmido o lábio, onde o saltério gira...
Ó musa de Israel! Pega da lira...
Canta os martírios de teu povo errante!

Mas não... brisa da pátria além revoa,
E ao delamber-lhe o braço de alabastro,
Falou-lhe de partir... e parte... e voa...

Qual nas algas marinhas desce um astro...
Linda Ester! Teu perfil se esvai... s'escoa...
Só me resta um perfume... um canto... um rastro...

4ª SOMBRA

FABÍOLA

Como teu riso dói... como na treva
Os lêmures respondem no infinito:
Tens o aspecto do pássaro maldito,
Que em sânie de cadáveres se ceva!

Filha da noite! A ventania leva
Um soluço de amor pungente, aflito...
Fabíola! É teu nome!... Escuta... é um grito,
Que lacerante para os céus s'eleva!...

E tu folgas, Bacante dos amores,
E a orgia, que a mantilha te arregaça,
Enche a noite de horror, de mais horrores...

É sangue, que referve-te na taça!
É sangue, que borrifa-te estas flores!
E este sangue é meu sangue... é meu... Desgraça!

5ª E 6ª SOMBRAS

CÂNDIDA E LAURA

Como no tanque de um palácio mago,
Dois alvos cisnes na bacia lisa,
Como nas águas, que o barqueiro frisa,
Dois nenúfares sobre o azul do lago,

Como nas hastes em balouço vago
Dois lírios roxos, que acalenta a brisa,
Como um casal de juritis, que pisa
O mesmo ramo no amoroso afago...

Quais dois planetas na cerúlea esfera,
Como os primeiros pâmpanos das vinhas,
Como os renovos nos ramais da hera,

Eu vos vejo passar nas noites minhas,
Crianças, que trazeis-me a primavera...
Crianças, que lembrais-me as andorinhas!...

7ª SOMBRA

DULCE

Se houvesse ainda talismã bendito
Que desse ao pântano – a corrente pura,
Musgo – ao rochedo, festa – à sepultura,
Das águias negras – harmonia ao grito...

Se alguém pudesse ao infeliz precito
Dar lugar no banquete da ventura...
E trocar-lhe o velar da insônia escura
No poema dos beijos – infinito...

Certo... serias tu, donzela casta,
Quem me tomasse em meio do Calvário
A cruz de angústia, que o meu ser arrasta!...

Mas se tudo recusa-me o fadário,
Na hora de expirar, ó Dulce, basta
Morrer beijando a cruz de teu rosário!...

8ª SOMBRA

ÚLTIMO FANTASMA

Quem és tu, quem és tu, vulto gracioso,
Que te elevas da noite na orvalhada?
Tens a face nas sombras mergulhada...
Sobre as névoas te libras vaporoso...

Baixas do céu num voo harmonioso!...
Quem és tu, bela e branca desposada?
Da laranjeira em flor a flor nevada
Cerca-te a fronte, ó ser misterioso!...

Onde nos vimos nós?... És doutra esfera?
És o ser que eu busquei do sul ao norte...
Por quem meu peito em sonhos desespera?...

Quem és tu? Quem és tu? – És minha sorte!
És talvez o ideal que est'alma espera!
És a glória talvez! Talvez a morte!...

O HÓSPEDE

Choro por ver que os dias passam breves
E te esqueces de mim quando te fores;
Como as brisas que passam doudas, leves,
E não tornam atrás a ver as flores.
(Teófilo Braga)

"Onde vais, estrangeiro? Por que deixas
O solitário albergue do deserto?
O que buscas além dos horizontes?
Por que transpor o píncaro dos montes,
Quando podes achar o amor tão perto?...

"Pálido moço! Um dia tu chegaste
De outros climas, de terras bem distantes...
Era noite!... A tormenta além rugia...
Nos abetos da serra a ventania
Tinha gemidos longos, delirantes.

"Uma buzina restrugiu no vale
Junto aos barrancos onde geme o rio...
De teu cavalo o galopar soava,
E teu cão ululando replicava
Aos surdos roncos do trovão bravio.

"Entraste! A loura chama do brasido
Lambia um velho cedro crepitante,
Eras tão triste ao lume da fogueira...
Que eu derramei a lágrima primeira
Quando enxuguei teu manto gotejante!

"Onde vais, estrangeiro? Por que deixas
Esta infeliz, misérrima cabana?
Inda as aves te afagam do arvoredo...
Se quiseres... as flores do silvedo
Verás inda nas tranças da serrana.

"Queres voltar a este país maldito
Onde a alegria e o riso te deixaram?
Eu não sei tua história… mas que importa?…
…Boia em teus olhos a esperança morta
Que as mulheres de lá te apunhalaram.

"Não partas, não! Aqui todos te querem!
Minhas aves amigas te conhecem.
Quando à tardinha volves da colina
Sem receio da longa carabina
De lajedo em lajedo as corças descem!

"Teu cavalo nitrindo na savana
Lambe as úmidas gramas em meus dedos,
Quando a fanfarra tocas na montanha,
A matilha dos ecos te acompanha
Ladrando pela ponta dos penedos.

"Onde vais, belo moço? Se partires
Quem será teu amigo, irmão e pajem?
E quando a negra insônia te devora,
Quem, na guitarra que suspira e chora,
Há de cantar-te seu amor selvagem?

"A choça do desterro é nua e fria!
O caminho do exílio é só de abrolhos!
Que família melhor que meus desvelos?…
Que tenda mais sutil que meus cabelos
Estrelados no pranto de teus olhos?…

"Estranho moço! Eu vejo em tua fronte
Esta amargura atroz que não tem cura.
Acaso fulge ao sol de outros países,
Por entre as balsas de cheirosos lises,
A esposa que tua alma assim procura?

"Talvez tenhas além servos e amantes,
Um palácio em lugar de uma choupana,
E aqui só tens uma guitarra e um beijo,
E o fogo ardente de ideal desejo
Nos seios virgens da infeliz serrana!..."

No entanto Ele partiu!... Seu vulto ao longe
Escondeu-se onde a vista não alcança...
...Mas não penseis que o triste forasteiro
Foi procurar nos lares do estrangeiro
O fantasma sequer de uma esperança!...

AS TREVAS

(Traduzido de Lord Byron)

A meu amigo, o Dr. Franco Meireles,
inspirado tradutor das *Melodias Hebraicas.*

Tive um sonho que em tudo não foi sonho!...

O sol brilhante se apagara: e os astros,
Do eterno espaço na penumbra escura,
Sem raios, e sem trilhos, vagueavam.
A terra fria balouçava cega
E tétrica no espaço ermo de lua.
A manhã ia, vinha... e regressava...
Mas não trazia o dia! Os homens pasmos
Esqueciam no horror dessas ruínas
Suas paixões: E as almas conglobadas
Gelavam-se num grito de egoísmo
Que demandava "luz". Junto às fogueiras
Abrigavam-se... e os tronos e os palácios,
Os palácios dos reis, o albergue e a choça
Ardiam por fanais. Tinham nas chamas
As cidades morrido. Em torno às brasas
Dos seus lares os homens se grupavam,
P'ra à vez extrema se fitarem juntos.
Feliz de quem vivia junto às lavas
Dos vulcões sob a tocha alcantilada!

Hórrida esp'rança acalentava o mundo!
As florestas ardiam!... de hora em hora
Caindo se apagavam; creditando,
Lascado o tronco desabava em cinzas.
E tudo... tudo as trevas envolviam.
As frontes ao clarão da luz doente
Tinham do inferno o aspecto... quando às vezes
As faíscas das chamas borrifavam-nas.

Uns, de bruços no chão, tapando os olhos
Choravam. Sobre as mãos cruzadas – outros –
Firmando a barba, desvairados riam.
Outros correndo à toa procuravam
O ardente pasto p'ra funéreas piras.
Inquietos, no esgar do desvario,
Os olhos levantavam p'ra o céu torvo,
Vasto sudário do universo – espectro –,
E após em terra se atirando em raivas,
Rangendo os dentes, blásfemos, uivavam!

Lúgubre grito os pássaros selvagens
Soltavam, revoando espavoridos
Num voo tonto co'as inúteis asas!
As feras 'stavam mansas e medrosas!
As víboras rojando s'enroscavam
Pelos membros dos homens, sibilantes,
Mas sem veneno... a fome lhes matavam!
E a guerra, que um momento s'extinguira,
De novo se fartava. Só com sangue
Comprava-se o alimento, e após à parte
Cada um se sentava taciturno,
P'ra fartar-se nas trevas infinitas!
Já não havia amor!... O mundo inteiro
Era um só pensamento, e o pensamento
Era a morte sem glória e sem detença!
O estertor da fome apascentava-se
Nas entranhas... Ossada ou carne pútrida
Ressupino, insepulto era o cadáver.

Mordiam-se entre si os moribundos:
Mesmo os cães se atiravam sobre os donos,
Todos exceto um só... que defendia
O cadáver do seu, contra os ataques
Dos pássaros, das feras e dos homens,
Até que a fome os extinguisse, ou fossem
Os dentes frouxos saciar algures!
Ele mesmo alimento não buscava...
Mas, gemendo num uivo longo e triste,

Morreu lambendo a mão, que inanimada
Já não podia lhe pagar o afeto.

Faminta a multidão morrera aos poucos.
Escaparam dois homens tão somente
De uma grande cidade. E se odiavam...
Foi junto dos tições quase apagados
De um altar, sobre o qual se amontoaram
Sacros objetos p'ra um profano uso,
Que encontraram-se os dois... e, as cinzas mornas
Reunindo nas mãos frias de espectros,
De seus sopros exaustos ao bafejo
Uma chama irrisória produziram!...
Ao clarão que tremia sobre as cinzas
Olharam-se e morreram dando um grito.
Mesmo da própria hediondez morreram,
Desconhecendo aquele em cuja fronte
Traçara a fome o nome de Duende!

O mundo fez-se um vácuo. A terra esplêndida,
Populosa tornou-se numa massa
Sem estações, sem árvores, sem erva.
Sem verdura, sem homens e sem vida,
Caos de morte, inanimada argila!
Calaram-se o Oceano, o rio, os lagos!
Nada turbava a solidão profunda!
Os navios no mar apodreciam
Sem marujos! os mastros desabando
Dormiam sobre o abismo, sem que ao menos
Uma vaga na queda alevantassem,
Tinham morrido as vagas! E jaziam
As marés no seu túmulo... antes delas
A lua que as guiava era já morta!
No estagnado céu murchara o vento;
Esvaíram-se as nuvens. E nas trevas
Era só trevas o universo inteiro.

AVES DE ARRIBAÇÃO

Pensava em ti nas horas de tristeza,
Quando estes versos pálidos compus.
Cercavam-me planícies sem beleza,
Pesava-me na fronte um céu sem luz.

Ergue este ramo solto no caminho.
Sei que em teu seio asilo encontrará.
Só tu conheces o secreto espinho
Que dentro d'alma me pungindo está.
(Fagundes Varella)

Aves, é primavera! À rosa! À rosa!
(Tomás Ribeiro)

I

Era o tempo em que as ágeis andorinhas
Consultam-se na beira dos telhados,
E inquietas conversam, perscrutando
Os pardos horizontes carregados...

Em que as rolas e os verdes periquitos
Do fundo do sertão descem cantando...
Em que a tribo das aves peregrinas
Os Zíngaros do céu formam-se em bando!

Viajar! Viajar! A brisa morna
Traz de outro clima os cheiros provocantes.
A primavera desafia as asas,
Voam os passarinhos e os amantes!...

II

Um dia Eles chegaram. Sobre a estrada
Abriram à tardinha as persianas;
E mais festiva a habitação sorria
Sob os festões das trêmulas lianas.

Quem eram? Donde vinham? – Pouco importa
Quem fossem da casinha os habitantes
– São noivos –: As mulheres murmuravam!
E os pássaros diziam: – São amantes!

Eram vozes – que uniam-se co'as brisas!
Eram risos – que abriam-se co'as flores!
Eram mais dois clarões – na primavera!
Na festa universal – mais dois amores!

Astros! Falai daqueles olhos brandos.
Trepadeiras! Falai-lhe dos cabelos!
Ninhos d'aves! Dizei, naquele seio,
Como era doce um pipilar d'anelos.

Sei que ali se ocultava a mocidade…
Que o idílio cantava noite e dia…
E a casa branca à beira do caminho
Era o asilo do amor e da poesia.

Quando a noite enrolava os descampados,
O monte, a selva, a choça do serrano,
Ouviam-se, alongando à paz dos ermos,
Os sons doces, plangentes de um piano.

Depois suave, plena, harmoniosa
Uma voz de mulher se alevantava…
E o pássaro inclinava-se das ramas
E a estrela do infinito se inclinava.

E a voz cantava o tremolo medroso
De uma ideal sentida barcarola...
Ou nos ombros da noite desfolhava
As notas petulantes da Espanhola!

III

Às vezes, quando o sol nas matas virgens
A fogueira das tardes acendia,
E como a ave ferida ensanguentava
Os píncaros da longa serrania,

Um grupo destacava-se amoroso,
Tendo por tela a opala do infinito,
Dupla estátua do amor e mocidade
Num pedestal de musgos e granito.

E embaixo o vale a descantar saudoso
Na cantiga das moças lavadeiras!...
E o riacho a sonhar nas canas bravas.
E o vento a s'embalar nas trepadeiras.

Ó crepúsculos mortos! Voz dos ermos!
Montes azuis! Sussurros da floresta!
Quando mais vós tereis tantos afetos
Vicejando convosco em vossa festa?...

E o sol poente inda lançava um raio
Do caçador na longa carabina...
E sobre a fronte d'Ela por diadema
Nascia ao longe a estrela vespertina.

IV

É noite! Treme a lâmpada medrosa
Velando a longa noite do poeta...
Além, sob as cortinas transparentes
Ela dorme... formosa Julieta!

Entram pela janela quase aberta
Da meia-noite os preguiçosos ventos
E a lua beija o seio alvinitente
– Flor que abrira das noites aos relentos.

O Poeta trabalha!... A fronte pálida
Guarda talvez fatídica tristeza...
Que importa? A inspiração lhe acende o verso
Tendo por musa – o amor e a natureza!

E como o cáctus desabrocha a medo
Das noites tropicais na mansa calma,
A estrofe entreabre a pétala mimosa
Perfumada da essência de sua alma.

No entanto Ela desperta... num sorriso
Ensaia um beijo que perfuma a brisa...
... A Casta diva apaga-se nos montes...
Luar de amor! acorda-te, Adalgisa!

V

Hoje a casinha já não abre à tarde
Sobre a estrada as alegres persianas.
Os ninhos desabaram... no abandono
Murcharam-se as grinaldas de lianas.

Que é feito do viver daqueles tempos?
Onde estão da casinha os habitantes?
... A Primavera, que arrebata as asas...
Levou-lhe os passarinhos e os amantes!...

OS PERFUMES

A. L.

> O sândalo é o perfume das mulheres de Istambul, e das huris do profeta; como as borboletas, que se alimentam do mel, a mulher do Oriente vive com as gotas dessa essência divina.
>
> (J. de Alencar)

O perfume é o invólucro invisível,
Que encerra as formas da mulher bonita.
Bem como a salamandra em chamas vive,
Entre perfumes a sultana habita.

Escrínio aveludado onde se guarda
– Colar de pedras – a beleza esquiva,
Espécie de crisálida, onde mora
A borboleta dos salões – a Diva.

Alma das flores – quando as flores morrem,
Os perfumes emigram para as belas,
Trocam lábios de virgens – por boninas,
Trocam lírios – por seios de donzelas!

E ali – silfos travessos, traiçoeiros
Voam cantando em lânguido compasso.
Ocultos nesses cálices macios
Das covinhas de um rosto ou dum regaço.

Vós, que não entendeis a lenda oculta,
A linguagem mimosa dos aromas,
De Madalena a urna olhais apenas
Como um primor de orientais redomas;

E não vedes que ali na mirra e nardo
Vai toda a crença da Judia loura…
E que o óleo, que lava os pés do Cristo,
É uma reza também da pecadora.

Por mim eu sei que há confidências ternas,
Um poema saudoso, angustiado,
Se uma rosa de há muito emurchecida,
Rola acaso de um livro abandonado.

O espírito talvez dos tempos idos
Desperta ali como invisível nume…
E o poeta murmura suspirando:
"Bem me lembro… era este o seu perfume!"

E que segredo não revela acaso
De uma mulher a predileta essência?
Ora o cheiro é lascivo e provocante!
Ora casto, infantil, como a inocência!

Ora propala os sensuais anseios
D'alcova de Ninon ou Margarida,
Ora o mistério divinal do leito,
Onde sonha Cecília adormecida.

Aqui, na magnólia de Celuta
Lambe a solta madeixa, que se estira.
Unge o bronze do dorso da cabocla,
E o mármore do corpo da Hetaíra.

É que o perfume denuncia o espírito
Que sob as formas feminis palpita…
Pois como a salamandra em chamas vive,
Entre perfumes a mulher habita.

IMMENSIS ORBIBUS ANGUIS

Sibila lambebant linguis vibrantibus ora.
(Virgílio)

I

Resvala em fogo o sol dos montes sobre a espalda,
E lustra o dorso nu da índia americana...
Na selva zumbe entanto o inseto de esmeralda,
E pousa o colibri nas flores da liana.

Ali – a luz cruel, a calmaria intensa!
Aqui – a sombra, a paz, os ventos, a cascata...
E a pluma dos bambus a tremular imensa...
E o canto de aves mil... e a solidão... e a mata...

E à hora em que, fugindo aos raios da esplanada,
A Indígena, a gentil matrona do deserto
Amarra aos palmeirais a rede mosqueada,
Que, leve como um berço, embala o vento incerto...

Então ela abandona-lhe ao beijo apaixonado
A perna a mais formosa – o corpo o mais macio,
E, as pálpebras cerrando, ao filho bronzeado
Entrega um seio nu, moreno, luzidio.

Porém, dentre os espatos esguios do coqueiro,
Do verde gravatá nos cachos reluzentes,
Enrosca-se e desliza um corpo sorrateiro
E desce devagar pelos cipós pendentes.

E desce... e desce mais... à rede já se chega...
Da índia nos cabelos a longa cauda some...
Horror! Aquele horror ao peito eis que se apega!
A baba – quer o leite! – A chaga – sente fome!

O veneno – quer mel! A escama quer a pele!
Quer o almíscar – perfume! – O imundo quer – o belo!
A língua do réptil – lambendo o seio imbele!...
Uma cobra – por filho... Horrível pesadelo!...

II

Assim, minh'alma, assim um dia adormeceste
Na floresta ideal da ardente mocidade...
Abria a fantasia – a pétala celeste...
Zumbia o sonho d'ouro em doce obscuridade...

Assim, minh'alma deste o seio (ó dor imensa!)
Onde a paixão corria indômita e fremente!
Assim bebeu-te a vida, a mocidade e a crença,
Não boca de mulher... mas de fatal serpente!...

A UMA ATRIZ

(No seu benefício)

Branco cisne que vogavas
Das harmonias no mar,
Pomba errante de outros climas.
Vieste aos cerros pousar.
Inda bem. Sob os palmares
Na voz do condor, dos mares,
Das serranias, dos céus...
Sente o homem – que é poeta.
Sente o vate – que é profeta.
Sente o profeta – que é Deus.

Há alguma cousa de grande
Deste mundo na amplidão,
Como que a face do Eterno
Palpita na criação...
E o homem que olha o deserto,
Diz consigo: "Deus 'stá perto
Que a grandeza é o Criador".
E, sob as paternas vistas,
Larga rédeas às conquistas
Pede as asas ao condor.

Inda bem. A glória é isto...
É ser tudo... é ser qual Deus...
Agitar as selvas d'alma
Ao sopro dos lábios teus...
Dizer ao peito – suspira!
Dizer à mente – delira!
A glória inda é mais: É ver
Homens, que tremem – se tremes!
Homens, que gemem – se gemes!
Que morrem – se vais morrer!

A glória é ter com o tridente
Refreada a multidão,
– Oceano de pensamentos
Que tu agitas co'a mão!
– Montanha feita de ideias,
Que sustenta as epopeias
Que é do gênio pedestal!
– Harpa imensa feita de almas,
Que rompe em hinos e palmas,
Ao teu toque divinal.

Mas esqueceste… Não basta
"Chegar, olhar e vencer"
Do gênio a maior grandeza
O ser divino é sofrer.
Diz!… Quando ouves a torrente
Do entusiasmo na enchente
Vir espumar-te lauréis;
Nest'hora grande não sentes
Longe os silvos das serpentes,
Que tentam morder-te os pés?

Inda é a glória – rainha
Que jamais caminha só.
Ai! Quem sobe ao Capitólio
Vai precedido de pó.
Porém tu zombas da inveja…
Se à noite o raio lampeja
Tu fazes dele um clarão!
Pela tormenta embalada
Ao som da orquestra arroubada
Vais-te perder n'amplidão.

CANÇÃO DO BOÊMIO

(Recitativo da *Meia hora de cinismo*)
comédia de costumes acadêmicos
Música de Emilio do Lago

Que noite fria! Na deserta rua
Tremem de medo os lampiões sombrios.
Densa garoa faz fumar a lua,
Ladram de tédio vinte cães vadios.

Nini formosa! Por que assim fugiste?
Embalde o tempo à tua espera conto.
Não vês, não vós?... Meu coração é triste
Como um calouro quando leva ponto.

A passos largos eu percorro a sala
Fumo um cigarro, que filei na escola...
Tudo no quarto de Nini me fala
Embalde fumo... tudo aqui me amola.

Diz-me o relógio cinicando a um canto
"Onde está ela que não veio ainda?"
Diz-me a poltrona "por que tardas tanto?
Quero aquecer-te rapariga linda."

Em vão a luz da crepitante vela
De Hugo clareia uma canção ardente;
Tens um idílio – em tua fronte bela...
Um ditirambo – no teu seio quente...

Pego o compêndio... inspiração sublime
P'ra adormecer... inquietações tamanhas...
Violei à noite o domicílio, ó crime!
Onde dormia uma nação... de aranhas...

Morrer de frio quando o peito é brasa...
Quando a paixão no coração se aninha?!...
Vós todos, todos, que dormis em casa,
Dizei se há dor, que se compare à minha!...

Nini! O horror deste sofrer pungente
Só teu sorriso neste mundo acalma...
Vem aquecer-me em teu olhar ardente...
Nini! Tu és o cache-nez dest'alma.

Deus do Boêmio!... São da mesma raça
As andorinhas e o meu anjo louro...
Fogem de mim se a primavera passa
Se já nos campos não há flores de ouro...

E tu fugiste, pressentindo o inverno.
Mensal inverno do viver boêmio...
Sem te lembrar que por um riso terno
Mesmo eu tomara a primavera a prêmio...

No entanto ainda do Xerez fogoso
Duas garrafas guardo ali... Que minas!
Além de um lado o violão saudoso
Guarda no seio inspirações divinas...

Se tu viesses... de meus lábios tristes
Rompera o canto... Que esperança inglória...
Ela esqueceu o que jurar lhe vistes
Ó Paulicéia, ó Ponte-grande, ó Glória!...

Batem!... que vejo! Ei-la afinal comigo...
Foram-se as trevas... fabricou-se a luz...
Nini! pequei... dá-me exemplar castigo!
Sejam teus braços... do martírio a cruz!...

É TARDE!

Olha-me, ó virgem, a fronte!
Olha-me os olhos sem luz!
A palidez do infortúnio
Por minhas faces transluz;
Olha, ó virgem – não te iludas
– Eu só tenho a lira e a cruz.
(Junqueira Freire)

É tarde! É muito tarde!
(Mont'Alverne)

É tarde! É muito tarde! O templo é negro...
O fogo-santo já no altar não arde.
Vestal! Não venhas tropeçar nas piras...
É tarde! É muito tarde!

Treda noite! E minh'alma era o sacrário,
A lâmpada do amor velava entanto,
Virgem flor enfeitava a borda virgem
Do vaso sacrossanto;

Quando Ela veio – a negra feiticeira –
A libertina, lúgubre bacante,
Lascivo olhar, a trança desgrenhada,
A roupa gotejante.

Foi minha crença – o vinho dessa orgia,
Foi minha vida – a chama que apagou-se,
Foi minha mocidade – o toro lúbrico,
Minh'alma – o tredo alcouce.

E tu, visão do céu! Vens tateando
O abismo onde uma luz sequer não arde?
Ai! Não vás resvalar no chão lodoso…
É tarde! É muito tarde!

Ai! Não queiras os restos do banquete!
Não queiras esse leito conspurcado!
Sabes? meu beijo te manchara os lábios
Num beijo profanado.

A flor do lírio de celeste alvura
Quer da Lucíola o pudico afago…
O cisne branco no arrufar das plumas
Quer o aljôfar do lago.

É tarde! A rola meiga do deserto
Faz o ninho na moita perfumada…
Rola de amor! não vás ferir as asas
Na ruína gretada.

Como o templo, que o crime encheu de espanto,
Ermo e fechado ao fustigar do norte,
Nas ruínas desta alma a raiva geme…
E cresce o cardo – a morte –.

Ciúme! Dor! Sarcasmo! – Aves da noite!
Vós povoais-me a solidão sombria,
Quando nas trevas a tormenta ulula
Um uivo de agonia!…

É tarde! Estrela-d'alva! O lago é turvo.
Dançam fogos no pântano sombrio.
Pede a Deus que dos céus as cataratas
Façam do brejo – um rio!

Mas não…! Somente as vagas do sepulcro
Hão de apagar o fogo que em mim arde…
Perdoa-me, Senhora!… Eu sei que morro…
É tarde! É muito tarde!…

A MEU IRMÃO GUILHERME DE CASTRO ALVES

Na cordilheira altíssima dos Andes
Os Chimborazos solitários, grandes
Ardem naquelas hibernais regiões.
Ruge embalde e fumega a solfatera...
É dos lábios sangrentos da cratera
Que a avalanche vacila aos furacões.

A escória rubra com os geleiros brancos
Misturados resvalam pelos flancos
Dos ombros friorentos do vulcão...

Assim, Poeta, é tua vida imensa,
Cerca-te o gelo, a morte, a indiferença...
E são lavas lá dentro o coração.

QUANDO EU MORRER

> Eu morro, eu morro. A matutina brisa
> Já não me arranca um riso. A fresca tarde
> Já não me doura as descoradas faces
> Que gélidas se encovam.
> (Junqueira Freire)

Quando eu morrer... não lancem meu cadáver
No fosso de um sombrio cemitério...
Odeio o mausoléu que espera o morto
Como o viajante desse hotel funéreo.

Corre nas veias negras desse mármore
Não sei que sangue vil de messalina,
A cova, num bocejo indiferente,
Abre ao primeiro a boca libertina.

Ei-la a nau do sepulcro – o cemitério...
Que povo estranho no porão profundo!
Emigrantes sombrios que se embarcam
Para as plagas sem fim do outro mundo.

Tem os fogos – errantes – por santelmo.
Tem por velame – os panos do sudário...
Por mastro – o vulto esguio do cipreste,
Por gaivotas – o mocho funerário...

Ali ninguém se firma a um braço amigo
Do inverno pelas lúgubres noitadas...
No tombadilho indiferentes chocam-se
E nas trevas esbarram-se as ossadas...

Como deve custar ao pobre morto
Ver as placas da vida além perdidas,
Sem ver o branco fumo de seus lares
Levantar-se por entre as avenidas!...

Oh! Perguntai aos frios esqueletos
Por que não têm o coração no peito...
E um deles vos dirá "Deixei-o há pouco
De minha amante no lascivo leito."

Outro: "Dei-o a meu pai". Outro: "Esqueci-o
Nas inocentes mãos de meu filhinho"...
... Meus amigos! Notai... bem como um pássaro
O coração do morto volta ao ninho!...

UMA PÁGINA DE ESCOLA REALISTA

DRAMA CÔMICO EM QUATRO PALAVRAS

A tragédia me faz rir, a comédia me faz chorar,
E o drama? Nem rir, nem chorar…
(Pensamento de Carnioli)

CENÁRIO

A alcova é fria e pequena
Abrindo sobre um jardim.
A tarde frouxa e serena
Já desmaia para o fim.
No centro um leito fechado
Deixa o longo cortinado
Sobre o tapete rolar…
Há, nas jarras deslumbrantes,
Camélias frias, brilhantes,
Lembrando a neve polar.

Livros esparsos por terra,
Uma harpa caída além;
E essa tristeza, que encerra
O asilo, onde sofre alguém.
Fitas, máscaras e flores
Não sei que vagos odores
Falam de amor e prazer.
Além da frouxa penumbra
Um vulto incerto ressumbra
– O vulto de uma mulher.

Vous, qui volez là-bas, légères hirondelles
Dites-moi, dites-moi, pourquoi vais-je mourir!
(Musset)

MÁRIO (no leito)

É tarde! É tarde! Abri-me estas cortinas
Deixai que a luz me acaricie a fronte!…

Ó sol, ó noivo das regiões divinas,
Suspende um pouco a luz neste horizonte!

SÍLVIA (abrindo a janela)

Da noite o frio vento te regela
O mórbido suor...

MÁRIO

Oh! Que me importa?
A tarde doura-me o suor da fronte...
– Último louro desta vida morta!

Crepúsc'lo! Mocidade! Natureza!
Inundai de fulgor meu dia extremo...
Quero banhar-me em vagas de harmonia,
Como no lago se mergulha o remo!

E que amores que sonham as esferas!
A brisa é de volúpia um calafrio.
A estrela sai das folhas do infinito,
Sai dos musgos o verme luzidio...

Tudo que vive, que palpita e sente
Chama o par amoroso para a sombra.
O pombo arrula – preparando o ninho,
A abelha zumbe – preparando a alfombra.

As trevas rolam como as tranças negras,
Que a Andaluza desmancha em mago enleio;
E entre rendas sutis surge medrosa
A lua plena, qual moreno seio.

Abre-se o ninho... o cálice... o regaço...
Anfitrite, corando, aguarda o noivo...

(Longa pausa)

E tu também esperas teu esposo,
Ó morte! Ó moça, que engrinalda o goivo!

SÍLVIA (a meia voz, acompanhando-se na guitarra)

Dizem as moças galantes
Que as rolas são tão constantes...
Pois será?
Que morrendo-lhe os amantes,
Morrem de fome, arquejantes,
Quem dirá?

Dizem sábios arrogantes
Que nestas terras distantes,
Não por cá,
Sobre piras fumegantes
Morrem viúvas constantes,
Pois será?

Não creio nos navegantes
Nem nas histórias galantes,
Que há por lá.
Fome e fogueiras brilhantes
Cá não há...
Mas inda morrem amantes
De saudades lacerantes
Quem dirá?

(Aos últimos arpejos cai-lhe uma lágrima)

MÁRIO (vendo-a chorar)

Sílvia! Deixa rolar sobre a guitarra,
Da lágrima a harmonia peregrina!
Sílvia! Cantando – és a mulher formosa!
Sílvia! Chorando – és a mulher divina!

Oh! Lágrimas e pérolas! – aljôfares
Que rebentais no interno cataclismo,
Do oceano – este dédalo insondável!
Do coração – este profundo abismo!

Sílvia! Dá-me a beber a gota d'água,
Nessa pálpebra roxa como o lírio...
Como lambe a gazela o brando orvalho
Nas largas folhas do deserto assírio.

E quando est'alma desdobrando as asas
Entrar do céu na região serena,
Como uma estrela eu levarei nos dedos
Teu pranto sideral, ó Madalena!...

SÍLVIA (tem-se ajoelhado aos pés do leito)

Meus prantos sirvam apenas
P'ra umedecer teus cabelos,
Como da corça nos velos
Fresco orvalho a resvalar!
P'ra molhar a flor, que aspires,
Rolem prantos de meus olhos,
P'ra atravessar os escolhos
Meus prantos manda rolar!...

Meus prantos sirvam apenas
P'ra a terra, em que tu pisares,
P'ra a sede, em que te abrasares,
Terás meu sangue, Senhor!
Meus prantos são óleo humilde
Que eu derramo a tuas plantas...

(Mário estende-lhe os braços)

Mas se acaso me levantas
Meus prantos dizem-te amor!...

MÁRIO (tendo-a contra o seio)

Sentir que a vida vai fugindo aos poucos
Como a luz, que desmaia no ocidente...
E boiar sobre as ondas do sepulcro,
Como Ofélia nas águas da corrente...

Sentir o sangue espanadar do peito
– Licor de morte – sobre a boca fria,
E meu lábio enxugar nos teus cabelos,
Como Rola nas tranças de Maria.

De teus braços fazer o diadema
De minha vida, que desmaia insana,
Esquecer o passado em teu regaço,
Como Byron aos pés da Italiana;

Em teu lábio molhado e perfumoso
O licor entornar de minha vida...
Escutar-te nas vascas da agonia,
Como Fausto as canções de Margarida!...

Eis como eu quero – na embriaguez da morte –
Do banquete no chão pender a fronte...
Inda a taça empunhando de teus beijos
Sob as rosas gentis de Anacreonte!...

(A noite tem descido pouco a pouco, o luar penetrando pela alcova alumia o grupo dos amantes.)

SÍLVIA

Que palidez, meu poeta,
Se estende na face tua!...

MÁRIO

São os raios descorados,
Os alvos raios da lua.

SÍLVIA

Mas um suor de agonia
Teu peito ardente tressua...

MÁRIO

São os orvalhos, que descem
Ao frio clarão da lua!

SÍLVIA

Que mancha é esta sangrenta,
Que no teu lábio flutua?

MÁRIO

São as sombras de uma nuvem
Que tolda a face da lua!

SÍLVIA

Como teus dedos esfriam
Sobre minha espádua nua!...

MÁRIO (distraído)

Não vês um anjo, que desce,
No frouxo clarão da lua?...

SÍLVIA

Mário? Não vês quem te chama?...
Tua amante... Sílvia... a tua...

MÁRIO (desmaiando)

É a morte que me leva
Num frio raio da lua!...

(O poeta cai semimorto sobre o leito.
No espasmo sua mão contraída prende uma tranca da moça.)

SÍLVIA

Teus brancos dedos fecharam
De meu cabelo a madeixa,
Tua amante não se queixa...
Bem vês... cativa ficou!
Mas não se prende o desejo
Que n'alma acaso se aninha!...
Nunca viste a andorinha,
Que alegre o fio quebrou?

(Ouve-se um relógio dar horas.)

Já! Tão tarde! E embalde tento
Abrir-te os dedos fechados...
Como frios cadeados,
Que o teu amor me lançou.
Porém se aqui me cativas
Minh'alma foge-te asinha...
Nunca viste a andorinha,
Que alegre o fio quebrou!

(Debruça-se a escrever numa carteira.)

"Paulo! Vem à meia-noite...
Mário morre! Mário expira!
Vem que minha alma delira
E embalde cativa estou..."

MÁRIO (que tem lido por cima de seu ombro)

Sílvia! A morte abre-me os dedos,
És livre, Sílvia... caminha!

(morrendo)

Minh'alma é como a andorinha,
Que alegre o fio quebrou.

COUP D'ÉTRIER

É preciso partir! Já na calçada
Retinem as esporas do arrieiro;
Da mula a ferradura tacheada
Impaciente chama o cavaleiro;
A espaços ensaiando uma toada
Sincha as bestas o lépido tropeiro...
Soa a celeuma alegre da partida,
O pajem firma o loro e empunha a brida.

Já do largo deserto o sopro quente
Mergulha perfumado em meus cabelos.
Ouço das selvas a canção cadente
Segredando-me incógnitos anelos.
A voz dos servos pitoresca, ardente
Fala de amores férvidos, singelos...
Adeus! Na folha rota de meu fado
Traço ainda um – adeus – ao meu passado.

Um adeus! E depois morra no olvido
Minha história de luto e de martírio,
As horas que eu vaguei louco, perdido
Das cidades no tétrico delírio;
Onde em pântano turvo, apodrecido
D'íntimas flores não rebenta um lírio...
E no drama das noites do prostíbulo
É mártir – alma... a saturnal – patíbulo!

Onde o Gênio sucumbe na asfixia
Em meio à turba alvar e zombadora;
Onde Musset suicida-se na orgia,
E Chatterton na fome aterradora!
Onde, à luz de uma lâmpada sombria,
O Anjo da Guarda ajoelhado chora,
Enquanto a cortesã lhe apanha os prantos
P'ra realce dos lúbricos encantos!...

Abre-me o seio, ó Madre Natureza!
Regaços da floresta americana,
Acalenta-me a mádida tristeza
Que da vaga das turbas espadana.
Troca dest'alma a fria morbideza
Nessa ubérrima seiva soberana!...
O Pródigo... do lar procura o trilho...
Natureza! Eu voltei... e eu sou teu filho!

Novo alento selvagem, grandioso
Trema nas cordas desta frouxa lira.
Dá-me um plectro bizarro e majestoso,
Alto como os ramais da sicupira.
Cante meu gênio o dédalo assombroso
Da floresta que ruge e que suspira,
Onde a víbora lambe a parasita...
E a onça fula o dorso pardo agita!

Onde em cálix de flor imaginária
A cobra de coral rola no orvalho,
E o vento leva a um tempo o canto vário
D'araponga e da serpe de chocalho...
Onde a soidão é o magno estradivário...
Onde há músc'los em fúria em cada galho,
E as raízes se torcem quais serpentes...
E os monstros jazem no ervaçal dormentes.

E se eu devo expirar... se a fibra morta
Reviver já não pode a tanto alento...
Companheiro! Uma cruz na selva corta
E planta-a no meu tosco monumento!...
Da chapada nos ermos... (o qu'importa?)
Melhor o inverno chora... e geme o vento.
E Deus para o poeta o céu desata
Semeado de lágrimas de prata!...

COMPLEMENTO DE LEITURA

SOBRE O AUTOR

Antônio Francisco de Castro Alves nasceu na vila de Curralinho, hoje cidade de Castro Alves, Bahia, em 14 de março de 1847. Filho de Antônio José Alves, médico e futuro professor da Faculdade de Medicina de Salvador, e de Clélia Brasília da Silva Castro, filha de um dos heróis da independência baiana e falecida quando o autor tinha 12 anos.

Castro Alves mudou-se para Salvador por volta de 1854 e estudou no Colégio Abílio César Borges, futuro Barão de Macaúbas, onde foi colega de Rui Barbosa. Desde cedo demonstrou paixão e vocação para a poesia, tendo declamado sua primeira obra em público em uma festa da escola.

Em 1862, após o casamento de seu pai com a viúva Maria Ramos Guimarães, partiu no vapor *Oiapoque* para a cidade do Recife, onde faria os preparatórios para ingressar na Faculdade de Direito. Ali, entrou em contato com os ideais republicanos e abolicionistas. Depois de ser reprovado duas vezes, matriculou-se na Faculdade de Direito do Recife, na mesma turma que Tobias Barreto. Diz-se que era mais aplicado aos amores e à poesia do que aos estudos. Na capital pernambucana, envolveu-se com grêmios estudantis, fez discursos e chegou a inscrever-se no Batalhão Acadêmico de Voluntários para a Guerra do Paraguai.

Em 1863, com sintomas iniciais de tuberculose, publicou seu primeiro poema "A canção do africano", apresentando ideias contrárias à escravidão. No mesmo ano, ao assistir à peça "Dalila", de Octave Feuillet, no Teatro Santa Isabel, em Recife, encantou-se pela atriz portuguesa Eugênia Câmara, dez anos mais velha e muito importante em sua vida e em sua poesia. A partir de 1866, ano em que morreu seu pai – perda que o deixaria muito abalado (seu irmão cometera suicídio em 1864) – manteve com Eugênia um relacionamento durante cinco anos.

No mesmo ano embarcou com sua amada para Salvador, onde finalizou sua peça "Gonzaga ou a Revolução de Minas", pela qual obteria reconhecimento de crítica e público, sendo sua estreia aclamada no Teatro São João, na capital baiana. Nesta época, deixou o Nordeste rumo ao Sul do país. Desembarcou primeiro na capital do Império, onde entrou em contato com intelectuais como José de Alencar e Machado de Assis, que o ajudaram a entrar nos meios literários. Em seguida partiu para São Paulo e ingressou no terceiro ano da Faculdade de Direito do Largo São Francisco.

O ano de 1868 foi marcado pela ruptura com Eugênia Câmara. Mesmo feliz com a boa recepção de sua peça, e já reconhecido como poeta nos meios acadêmicos e literários, Castro Alves teve imensa dificuldade em superar a separação de seu grande amor. Em 7 de setembro, apresentou seu poema "Tragédia no mar", que posteriormente seria renomeado " O navio negreiro".

Ao participar de uma caçada nos bosques da Lapa, em São Paulo, feriu seu pé acidentalmente com uma espingarda. Com a piora da enfermidade e ameaça de gangrena, amputou o pé esquerdo, sem anestesia, em meados de 1869, no Rio de Janeiro. Com a tuberculose avançada, decidiu voltar para a Bahia, primeiro Salvador, e depois para fazendas de parentes no interior do estado, onde passou a maior parte do ano de 1870. Em novembro, publicou *Espumas flutuantes*, seu único livro em vida, recebido com grande entusiasmo pelos leitores e pela crítica.

Na Bahia, continuou a escrever diversos poemas e a trabalhar em obras publicadas postumamente, como *Os escravos* e *A cachoeira de Paulo Afonso,* publicados nos anos 1876 e 1883. Também dessa época são alguns poemas líricos em homenagem à cantora italiana Agnese Trinci Murri, seu amor platônico.

Faleceu no dia 6 de julho de 1871, aos 24 anos, vítima de tuberculose, na cidade de Salvador. É o patrono da cadeira número 7 da Academia Brasileira de Letras e ficou conhecido por ter imprimido cunho político-social ao Romantismo Brasileiro, sendo conhecido como maior nome da terceira geração dessa escola literária.

TOME NOTA

Castro Alves é mais conhecido por sua poesia de cunho político-social. Embora *Espumas flutuantes* não seja um livro de poemas exclusivamente sobre essa temática, observa-se na obra o mesmo sentimento de liberdade e arroubamento. O amor, para o poeta, é uma experiência real, carnal, que leva tanto ao êxtase quanto à dor. O progresso e o conhecimento são louvados como ferramentas emancipadoras da humanidade. Para o poeta, a vida só poderia ser vivida de modo livre, corajoso, apaixonado e comprometido com seu tempo. Uma lição valiosa.

TEXTO E CONTEXTO

Único livro publicado em vida e revisado pelo autor, *Espumas flutuantes* contém 54 poemas (alguns autores apontam serem estes as "espumas flutuantes") escritos em diferentes momentos de sua vida. O descompasso entre o "eu" e o mundo, o amor – ora platônico, ora carnal – os problemas sociais e humanos e a transitoriedade da vida em relação à morte são alguns dos temas contidos na obra.

O tom é grandiloquente, com abuso de pontuação (pontos de interrogação, de exclamação e reticências) e de figuras de linguagem, como metáforas, hipérboles, assonâncias e apóstrofes. Outra característica da linguagem utilizada no livro é a oralidade, já que, à época, era comum que poemas fossem declamados em praças públicas.

Embora ligado ao Romantismo, Castro Alves imprime uma visão menos adolescente e mais madura do amor: a idealização romântica é presente, assim como o sofrimento amoroso. No entanto, o poeta busca o amor carnal, realizado, com pequenas doses de erotismo, como no verso "*Boa-noite, Maria! É tarde... é tarde... / Não me apertes assim contra teu seio.*" (*in* "Boa-noite"). Poemas como "Mocidade e morte" abordam a brevidade e fragilidade da vida, tema caro ao autor, que pressentia a chegada da morte por estar com tuberculose. A difusão e a defesa da cultura também aparecem como tema em "O livro e a América", inspirado em ideais iluministas e abolicionistas.

Ademais, a natureza, a participação popular, a crença no progresso e, principalmente, a liberdade são temas diletos ao poeta que estão presentes no livro. Antecipando o Realismo, mas ainda fortemente influenciado pelo Romantismo, *Espumas flutuantes* é um dos melhores exemplos da poesia do século XIX no Brasil.

QUESTÕES COMENTADAS

(UEL 2011) LEIA O TEXTO A SEGUIR E RESPONDA ÀS QUESTÕES DE 1 A 4.

"Onde estás?"
É meia-noite... e rugindo
Passa triste a ventania,
Como um verbo de desgraça,
Como um grito de agonia.
E eu digo ao vento, que passa
Por meus cabelos fugaz:
"Vento frio do deserto,
Onde ela está? Longe ou perto?"
Mas, como um hálito incerto,
Responde-me o eco ao longe:
"Oh! minh'amante, onde estás?..."
Vem! É tarde! Por que tardas?
São horas de brando sono,
Vem reclinar-te em meu peito
Com teu lânguido abandono!...
'Stá vazio nosso leito...
'Stá vazio o mundo inteiro;
E tu não queres qu'eu fique
Solitário nesta vida...
Mas por que tardas, querida?...
Já tenho esperado assaz...
Vem depressa, que eu deliro
Oh! minh'amante, onde estás?...
Estrela – na tempestade,
Rosa – nos ermos da vida,
Íris – do náufrago errante,
Ilusão – d'alma descrida!
Tu foste, mulher formosa!

Tu foste, ó filha do céu!...
... E hoje que o meu passado
Para sempre morto jaz...
Vendo finda a minha sorte,
Pergunto aos ventos do Norte...
"Oh! minh'amante, onde estás?"

(CASTRO ALVES, A. F. *Espumas flutuantes*. São Paulo: Companhia Editora Nacional, 2005. p. 84-85.)

1) Sobre a relação entre o poema e a obra *Espumas flutuantes*, considere as afirmativas a seguir.

I. Idealização da mulher amada e demonstração emotiva são modos de expressão típicos do poeta, inscrito no Romantismo brasileiro.
II. É um poema à parte de *Espumas flutuantes*, pois a idealização da mulher é tema fortuito na obra de Castro Alves.
III. O uso abundante de interrogações, exclamações e reticências fortalece seu teor sentimental, marca típica do Romantismo.
IV. Nos versos 16 e 17, o eu-lírico estende seu olhar sentimental, indo do espaço mínimo ao espaço máximo, a fim de expor sua imensa saudade.
Assinale a alternativa correta.

A Somente as afirmativas I e II são corretas.
B Somente as afirmativas II e IV são corretas.
C Somente as afirmativas III e IV são corretas.
D Somente as afirmativas I, II e III são corretas.
E Somente as afirmativas I, III e IV são corretas.

Comentário: Nesta questão, espera-se que o aluno consiga perceber alguns desses traços no poema "Onde estás?". Nos versos 24 a 29, percebe-se o uso de metáforas para descrever a mulher amada, vista como uma estrela na tempestade ou uma Íris (podendo significar uma visão, uma luz) para o náufrago. Ao chamá-la "filha do céu", o poeta aproxima-a de uma figura angelical, imagem comum no Romantismo, o que denota a idealização da mulher. Ademais, a pontuação abundante procura enfatizar as emoções sentidas pelo poeta, seja o arrebatamento com o uso de exclamações, as interrogações que promovem perguntas sem respostas ou as reticências que sugerem suspiros angustiados. Por fim, ao utilizar a imagem do leito vazio e, logo em seguida, a do mundo vazio, o autor mostra que a saudade que sente da amada é enorme e está tanto nos mínimos detalhes da vida cotidiana quanto em tudo o que existe. Desse modo, a opção correta é a alternativa "E".

2) Sobre o poema, considere as afirmativas a seguir.

I. Na primeira estrofe, o eu-lírico dirige-se ao vento frio do deserto; na segunda, dirige-se à amada distante.
II. O eu-lírico pergunta ao vento sobre o paradeiro de sua amada, revelando a dor pela distância que os separa.
III. O eu-lírico acusa os ventos do Norte, que passam como gritos de agonia, por ter finda sua sorte e estar morto seu passado.
IV. "Estrela" e "rosa" são usadas pelo eu-lírico para designar sua agonia; "íris" e "ilusão" referem-se à ventania.
Assinale a alternativa correta.

A Somente as afirmativas I e II são corretas.
B Somente as afirmativas I e III são corretas.
C Somente as afirmativas III e IV são corretas.
D Somente as afirmativas I, II e IV são corretas.
E Somente as afirmativas II, III e IV são corretas.

COMENTÁRIO: Pela leitura dos versos 5 até 8 (*E eu digo ao vento, que passa/ Por meus cabelos fugaz:/ 'Vento frio do deserto, Onde ela está? Longe ou perto?'*), percebe-se que o eu-lírico pergunta ao vento onde está a sua amada. Já na segunda estrofe, o poeta utiliza os vocativos "querida" (verso 20) e "minh'amante" (verso 23) para dirigir-se à mulher que está distante. Assim, a afirmativa I está correta. Ao longo do poema, pode-se perceber que o poeta sofre pela saudade e distância da mulher amada, como confirmam os versos 18 e 19 (*E tu não queres qu'eu fique/ Solitário nesta vida...)* e o verso 22 (*Vem depressa que eu deliro*). Desse modo, a afirmativa II está correta. Em nenhuma parte do poema é possível afirmar que o eu-lírico acusa os ventos do Norte pelo fim da sua sorte e morto seu passado, o que torna a afirmativa III incorreta. Também é incorreta a afirmativa IV, afinal, "estrela", "rosa", "íris" e "ilusão" são metáforas que enaltecem e louvam a mulher amada, e não são sinônimos de sua agonia ou da ventania. Logo, a alternativa correta é a letra "A".

3) Assinale a alternativa que relaciona corretamente versos do poema a figuras de linguagem.

A A comparação entre o vento e a amada é verificada nos versos "Mas por que tardas, querida?... / Já tenho esperado assaz...".
B Em "Como um verbo de desgraça, / Como um grito de agonia.", a antítese opõe a fugacidade do vento à tristeza da ventania.

C Os versos "Tu foste, mulher formosa! / Tu foste, ó filha do céu!..." comparam a amada à triste e fugaz ventania, pois ambas impedem seu brando sono.

D A comparação presente nos versos "Mas, como um hálito incerto, / Responde-me o eco ao longe:" reforça a ausência de resposta sobre o paradeiro da amada.

E A antítese, presente em todo o poema, é exemplificada pelos versos "... E hoje que o meu passado / Para sempre morto jaz...".

Comentário: A questão propõe o conhecimento sobre as figuras de linguagem, matéria presente na semântica da gramática da Língua Portuguesa. Ao analisar todas as alternativas, percebe-se que não há comparação nos versos presentes na alternativa "A". Também se percebe que não existe antítese entre as ideias de "desgraça" e "agonia" que a alternativa "B" afirma. A alternativa "C" está errada, pois o eu-lírico utiliza vocativos ("mulher formosa"/"filha do céu") elogiando a mulher amada, sem o uso de comparações. Tampouco existe antítese na alternativa "E" (aqui, pode-se sugerir uma personificação ao afirmar que seu passado está morto). Desse modo, a única alternativa correta é a letra "D", que compara o eco ao longo a um "hálito incerto". Este adjetivo ("incerto") reforça a ideia de que não há resposta sobre o paradeiro da amada.

4) Pode-se afirmar que são temas de *Espumas flutuantes*, de Castro Alves:

A A culpa, a religiosidade e a morte.

B A religiosidade, o fazer poético e o indianismo.

C A morte, o fazer poético e o amor.

D O indianismo, a pátria e o amor.

E A pátria, a culpa e a melancolia.

Comentário: Ao longos dos 54 poemas de *Espumas flutuantes*, Castro Alves aborda diversos temas. Sabendo estar próximo da morte, devido à tuberculose, o poeta aborda-a em poemas como "Mocidade e morte". O fazer poético aparece em "Dedicatória", "Virgílio" ou "Poesia e mendicidade". É importante ressaltar que o próprio título do livro sugere que as "espumas flutuantes" são os poemas contidos nele. Além disso, o amor é um tema muito presente na obra, entretanto, diferentemente dos escritores de outras gerações românticas, o autor apresenta uma visão mais carnal e até sensual do amor, ao invés de apenas idealizá-lo. Desse modo, a alternativa correta é a letra "C". O indianismo, caro aos poetas da primeira fase do Romantismo, e a culpa, presente principalmente em obras dos poetas ultrarromânticos, não são abordados pelo poeta baiano. Assim, as outras alternativas não são válidas.

5) (PUC-Campinas-SP 1999)

"E fui... e fui... ergui-me no infinito,
Lá onde o voo d'águia não se eleva...
Abaixo – via a terra – abismo em treva!
Acima – o firmamento – abismo em luz!"

Os versos anteriores pertencem aos poemas "O voo do gênio", do livro *Espumas flutuantes*. Esses versos ilustram a seguinte característica da poética de Castro Alves:

A Ênfase emocional, apoiada nos recursos retóricos das antíteses, das hipérboles e do paralelismo rítmico-sintático.

B Intimismo lírico, marcado pela hesitação das reticências e pelo temor do enfrentamento das adversidades.

C Sacrifício do tom pessoal em nome de ideais históricos, representados por símbolos épicos herdados do Classicismo.

D Emprego de paradoxos, com a intenção de satirizar a ambição de genialidade cultivada pelos ultrarromânticos.

E Contraste entre as fortes marcas retóricas do discurso e o sentimento da melancolia, que atenua o tom declamatório.

COMENTÁRIO: A obra de Castro Alves, assim como toda a produção do Romantismo Brasileiro, é fortemente marcada por grande apelo emocional com um tom grandiloquente e uso de imagens semanticamente opostas. No trecho escolhido, percebe-se isso desde o título ("voo do gênio"), que pode significar a emoção e a imaginação do poeta elevando-se no ato da criação para além dos limites físicos. Além disso, é possível notar o uso de antíteses ("abaixo/acima" e "treva/luz") e hipérboles – o voo até o infinito e a visão de abismos. Por fim, o trecho "Abaixo – via a terra – abismo em treva!/ Acima – o firmamento – abismo em luz!" produz um paralelismo rítmico, pela repetição da estrutura, e sintático – com a utilização de adjuntos adverbiais ("Acima/Abaixo") e predicativos do sujeito ("abismo em treva/abismo em luz"). Desse modo, a alternativa correta é a letra "A". Não há, como afirma a alternativa "B" temor do enfrentamento das adversidades, tampouco sacrifício do tom pessoal (alternativa "C"). As demais alternativas estão incorretas, pois não há emprego de paradoxos (alternativa "D") nem atenuação do tom declamatório (alternativa "E"), visto que a obra de Castro Alves é marcada pela entonação alta, grandiosa dos poemas pensados para serem declamados em praça pública.

6) (Fuvest-SP 1998)

"Oh! eu quero viver, beber perfumes
Na flor silvestre, que embalsama os ares;
Ver minh'alma adejar pelo infinito,
Qual branca vela n'amplidão dos mares.
No seio da mulher há tanto aroma...
Nos seus beijos de fogo há tanta vida...
– Árabe errante, vou dormir à tarde
À sombra fresca da palmeira erguida."

Nessa estrofe de "Mocidade e morte", de Castro Alves, reúnem-se, como numa espécie de súmula, vários dos temas e aspectos mais característicos de sua poesia. São eles:

A Identificação com a natureza, condoreirismo, erotismo franco, exotismo.
B Aspiração de amor e morte, titanismo, sensualismo, exotismo.
C Sensualismo, aspiração de absoluto, nacionalismo, orientalismo.
D Personificação da natureza, hipérboles, sensualismo velado, exotismo.
E Aspiração de amor e morte, condoreirismo, hipérboles, orientalismo.

Comentário: Nesta questão, pede-se que o leitor constate algumas características da poética de Castro Alves. Dentre elas, é possível notar a identificação com a natureza nos versos "Oh! eu quero viver, beber perfumes/Na flor silvestre, que embalsama os ares" e "À sombra fresca da palmeira erguida." O uso de pontos de exclamação, de hipérboles ("Ver minh'alma adejar pelo infinito,/Qual branca vela n'amplidão dos mares") e do tom oral são típicos do condoreirismo. Ademais, a visão menos idealizada e mais carnal/erótica do amor ("No seio da mulher há tanto aroma.../Nos seus beijos de fogo há tanta vida...") e o exotismo – presente na imagem do árabe errante – também fazem parte do universo da terceira geração romântica. Desse modo, a alternativa "A" está correta. As demais opções possuem equívocos ao afirmarem a existência da aspiração de amor e morte, comum à segunda geração romântica, do titanismo ou da personificação da natureza (característica dos poetas da primeira e da segunda geração do Romantismo).

7) (UFPB 2006)

O 'adeus' de Teresa

"1 A vez primeira que eu fitei Teresa,
Como as plantas que arrasta a correnteza,
A valsa nos levou nos giros seus...
E amamos juntos... E depois na sala
'Adeus' eu disse-lhe a tremer co'a fala...
6 E ela, corando, murmurou-me: 'adeus'.
Uma noite... entreabriu-se um reposteiro...
E da alcova saía um cavaleiro
Inda beijando uma mulher sem véus...
Era eu... Era a pálida Teresa!
'Adeus' lhe disse conservando-a presa...
12 E ela entre beijos murmurou-me: 'adeus!'
Passaram tempos... séc'los de delírio
Prazeres divinais... gozos do Empíreo...
... Mas um dia volvi aos lares meus.
Partindo eu disse – 'Voltarei!... descansa!...'
Ela, chorando mais que uma criança,
18 Ela em soluços murmurou-me: 'adeus!'
Quando voltei... era o palácio em festa!...
E a voz dela e de um homem lá na orquestra
Preenchiam de amor o azul dos céus.
Entrei!... Ela me olhou branca... surpresa!
Foi a última vez que eu vi Teresa!...
24 E ela arquejando murmurou-me: 'adeus!'"

ALVES, Castro. *Espumas flutuantes.*

Em *O 'adeus' de Teresa*, os versos 6, 12, 18 e 24

A) isolam a palavra "adeus", modificando a sequência lógica do poema.

B) assinalam a sequência de atitudes de Teresa, no poema, indo da descoberta do amor à traição.

C) indicam que os sentimentos de Teresa não sofreram qualquer mudança do primeiro ao último encontro.

D) evidenciam uma mudança nos sentimentos de Teresa que, ao final, descobre o amor verdadeiro.

E) ressaltam o verdadeiro amor de Teresa, que se intensifica a cada encontro.

Comentário: O poema "O 'adeus' de Teresa" possui uma estrutura que se assimila à narrativa. No começo, há o primeiro encontro em que os amantes conhecem-se e amam-se, e também há o primeiro "adeus". Nos versos 6 a 12, ocorre um segundo encontro e, consequentemente, o segundo "adeus". Os versos 16 a 18 *(Partindo eu disse — 'Voltarei!... descansa!...' /Ela, chorando mais que uma criança,/ Ela em soluços murmurou-me: 'adeus!')* mostram o momento em que o eu-lírico despede-se de sua amada, que está triste e aflita com a partida dele. Ao final do poema, quando o eu-lírico retorna, encontra Teresa com outro homem, que fica surpresa ao vê-lo e despede-se de seu antigo amado com o "adeus" final. Logo, a alternativa correta é a letra "B".

8) (UEL 2011) TEXTO PARA AS QUESTÕES 8 A 10.

O "adeus" de Teresa

A vez primeira que eu fitei Teresa,
Como as plantas que arrasta a correnteza,
A valsa nos levou nos giros seus...
E amamos juntos... E depois na sala
"Adeus" eu disse-lhe a tremer co'a fala...
E ela, corando, murmurou-me: "adeus."
Uma noite... entreabriu-se um reposteiro...
E da alcova saía um cavaleiro
Inda beijando uma mulher sem véus...
Era eu... Era a pálida Teresa!
"Adeus" lhe disse conservando-a presa...
E ela entre beijos murmurou-me: "adeus!"
Passaram tempos... séc'los de delírio
Prazeres divinais... gozos do Empíreo...
... Mas um dia volvi aos lares meus.
Partindo eu disse – "Voltarei!... descansa!..."
Ela, chorando mais que uma criança,
Ela em soluços murmurou-me: "adeus!"
Quando voltei... era o palácio em festa!...
E a voz dela e de um homem lá na orquestra
Preenchiam de amor o azul dos céus.
Entrei!... Ela me olhou branca... surpresa!
Foi a última vez que eu vi Teresa!...
E ela arquejando murmurou-me: "adeus!"

(CASTRO ALVES, Antonio Frederico. *Espumas flutuantes*. São Paulo: Companhia Editora Nacional, 2005. p. 51.)

8) Sobre características do estilo de Castro Alves presentes no poema, considere as afirmativas a seguir.

I. Presença de uma visão erotizada do amor e da mulher.
II. Abandono do tom aclamatório presente nos poemas sobre os escravos.
III. Confirma sua inserção na segunda geração do Romantismo.
IV. Revela influência do sentimentalismo amoroso adulto.

Assinale a alternativa correta.

A Somente as afirmativas I e IV são corretas.
B Somente as afirmativas II e III são corretas.
C Somente as afirmativas III e IV são corretas.
D Somente as afirmativas I, II e III são corretas.
E Somente as afirmativas I, II e IV são corretas.

COMENTÁRIO: A poesia de Castro Alves, embora localizada no Romantismo brasileiro, diferencia-se das outras gerações pela presença da visão erotizada do amor. Ao mesmo tempo que há a idealização da mulher amada, também há a concretização do amor, a carnalidade deste. Os versos "E amamos juntos... E depois na sala" e "Inda beijando uma mulher sem véus..." comprovam a afirmação. Junto à visão erotizada do amor, o poeta também propõe um sentimentalismo adulto, menos dramático do que seus antecessores, o que elimina a afirmativa II. Ademais, diferentemente dos poemas de cunho social, que têm um tom aclamatório, aqui, o tom é de confissão e melancolia pela perda da mulher amada. Assim, a alternativa "E" está correta.

9) Considerando os recursos de composição utilizados no poema, assinale a alternativa correta.

A As reticências acentuam a emotividade do par amoroso e assinalam suspensões temporais.
B O uso do verso decassílabo reproduz o ritmo da valsa que embala o casal durante todo o poema.
C A alternância do comportamento de Teresa entre amor e ódio é marcada pelo refrão.
D As inversões sintáticas são utilizadas para intensificar o sofrimento de Teresa.
E O uso da comparação na primeira estrofe revela o caráter firme de Teresa.

COMENTÁRIO: Uma das características do estilo condoreiro de poesia é o uso abundante da pontuação: pontos de exclamação, travessões e reticências estão presentes em diversos poemas dessa escola literária. Na obra acima, as reticências denotam as emoções vividas pelos amantes, como nos versos "'Adeus' eu disse-lhe a tremer co'a fala..." e "'Adeus' lhe disse conservando-a presa...". Juntamente, as reticências mostram suspensões e passagens temporais. Os versos "Passaram tempos... séc'los de delírio/Prazeres divinais... gozos do Empíreo..." e "... Mas um dia volvi aos lares meus" comprovam tal afirmação. Logo, a alternativa correta é a letra "A". Embora haja citação de uma valsa dançada pelos amantes, isso não fica evidente pela métrica do poema. As inversões sintáticas são artifícios da métrica e do estilo do poeta e não intensificam o sofrimento de Teresa. Tampouco existe comportamento contrastante de Teresa, nem mostras de seu caráter firme, como sustentam as outras alternativas.

10) Acerca do poema, é correto afirmar:

I. A palavra "adeus" apresenta variações de significado.
II. Na terceira estrofe, a ausência do eu-lírico é marcada por hipérboles.
III. Há ruptura da idealização da figura feminina.
IV. O amor espiritual sobrepõe-se ao amor carnal.
Assinale a alternativa correta.

A Somente as afirmativas I e II são corretas.
B Somente as afirmativas I e III são corretas.
C Somente as afirmativas III e IV são corretas.
D Somente as afirmativas I, II e IV são corretas.
E Somente as afirmativas II, III e IV são corretas.

COMENTÁRIO: No poema apresentado, a palavra "Adeus" apresenta variações de significado: nos primeiros versos, a interjeição "adeus" significa uma despedida que não é, porém, definitiva. Ao final, quando o eu-lírico encontra sua amada com outro homem, há a separação categórica e absoluta. Vale ressaltar que também há uma variação morfológica: no título, a palavra "adeus" não é uma interjeição, mas sim um substantivo. Assim, a primeira afirmativa está correta. Nota-se também que o eu-lírico não idealiza sua amada e que existe o amor concretizado, carnal. Assim, a afirmativa III está correta e a afirmativa IV, não. As hipérboles presentes em "Passaram tempos... séc'los de delírio/Prazeres divinais... gozos do Empíreo..." não imprimem a ausência do eu-lírico, mas sim seus momentos de amor com Teresa, eliminando a afirmativa II. Assim, a letra "B" é a alternativa correta.